TRANZLATY

El idioma es para todos

Язык для всех

El llamado de lo salvaje

Зов предков

Jack London
Джек Лондон

Español / Русский

Copyright © 2025 Tranzlaty
All rights reserved
Published by Tranzlaty
ISBN: 978-1-80572-855-9
Original text by Jack London
The Call of the Wild
First published in 1903
www.tranzlaty.com

Hacia lo primitivo
В первобытный мир

Buck no leía los periódicos.
Бак не читал газет.
Si hubiera leído los periódicos habría sabido que se avecinaban problemas.
Если бы он читал газеты, он бы знал, что назревают неприятности.
Hubo problemas, no sólo para él sino para todos los perros de la marea.
Беда была не только у него, но и у всех собак, живущих в приливной воде.
Todo perro con músculos fuertes y pelo largo y cálido iba a estar en problemas.
Каждая собака с сильной мускулатурой и теплой длинной шерстью могла попасть в беду.
Desde Puget Bay hasta San Diego ningún perro podía escapar de lo que se avecinaba.
От залива Пьюджет до Сан-Диего ни одна собака не могла избежать надвигающейся опасности.
Los hombres, a tientas en la oscuridad del Ártico, encontraron un metal amarillo.
Люди, пробиравшиеся ощупью в арктической тьме, нашли желтый металл.
Las compañías navieras y de transporte iban en busca del descubrimiento.
За открытием охотились пароходные и транспортные компании.
Miles de hombres se precipitaron hacia el norte.
Тысячи людей устремились в Северную страну.
Estos hombres querían perros, y los perros que querían eran perros pesados.
Этим людям нужны были собаки, и собаки, которых они хотели, были тяжелыми.
Perros con músculos fuertes para trabajar.
Собаки с сильными мышцами, способные трудиться.

Perros con abrigos peludos para protegerlos de las heladas.
Собаки с пушистой шерстью, защищающей их от мороза.

Buck vivía en una casa grande en el soleado valle de Santa Clara.
Бак жил в большом доме в залитой солнцем долине Санта-Клара.

El lugar del juez Miller, se llamaba su casa.
Местонахождение судьи Миллера, его дом назывался.

Su casa estaba apartada de la carretera, medio oculta entre los árboles.
Его дом стоял в стороне от дороги, наполовину скрытый среди деревьев.

Se podían ver destellos de la amplia terraza que rodeaba la casa.
Можно было увидеть широкую веранду, идущую вокруг дома.

Se accedía a la casa mediante caminos de grava.
К дому вели подъездные пути, посыпанные гравием.

Los caminos serpenteaban a través de amplios prados.
Дорожки вились среди широких газонов.

Allá arriba se veían las ramas entrelazadas de altos álamos.
Над головой переплетались ветви высоких тополей.

En la parte trasera de la casa las cosas eran aún más espaciosas.
В задней части дома дела обстояли еще просторнее.

Había grandes establos, donde una docena de mozos de cuadra charlaban.
Там были большие конюшни, где болтали дюжина конюхов.

Había hileras de casas de servicio cubiertas de enredaderas.
Там были ряды домиков слуг, увитых виноградной лозой.

Y había una interminable y ordenada serie de letrinas.
И там был бесконечный и упорядоченный ряд туалетов.

Largos parrales, verdes pastos, huertos y campos de bayas.
Длинные виноградные беседки, зеленые пастбища, фруктовые сады и ягодные грядки.

Luego estaba la planta de bombeo del pozo artesiano.
Затем была насосная станция для артезианской скважины.
Y allí estaba el gran tanque de cemento lleno de agua.
А еще там был большой цементный бак, наполненный водой.
Aquí los muchachos del juez Miller dieron su chapuzón matutino.
Здесь сыновья судьи Миллера совершили утреннее погружение.
Y allí también se refrescaron en la calurosa tarde.
И они там же охлаждались в жаркий полдень.
Y sobre este gran dominio, Buck era quien lo gobernaba todo.
И всем этим огромным владением правил Бак.
Buck nació en esta tierra y vivió aquí todos sus cuatro años.
Бак родился на этой земле и прожил здесь все четыре года своей жизни.
Efectivamente había otros perros, pero realmente no importaban.
Конечно, были и другие собаки, но они не имели особого значения.
En un lugar tan vasto como éste se esperaban otros perros.
В таком большом месте, как это, ожидалось присутствие и других собак.
Estos perros iban y venían, o vivían dentro de las concurridas perreras.
Эти собаки приходили и уходили или жили в оживленных питомниках.
Algunos perros vivían escondidos en la casa, como Toots e Ysabel.
Некоторые собаки жили в доме, прячась, как, например, Тутс и Изабель.
Toots era un pug japonés, Ysabel una perra mexicana sin pelo.
Тутс был японским мопсом, Изабель — мексиканской голой собакой.
Estas extrañas criaturas rara vez salían de la casa.

Эти странные существа редко выходили из дома.
No tocaron el suelo ni olieron el aire libre del exterior.
Они не касались земли и не нюхали воздух снаружи.
También estaban los fox terriers, al menos veinte en número.
Были еще фокстерьеры, числом не менее двадцати.
Estos terriers le ladraron ferozmente a Toots y a Ysabel dentro de la casa.
Эти терьеры яростно лаяли на Тутса и Изабель в помещении.
Toots e Ysabel se quedaron detrás de las ventanas, a salvo de todo daño.
Тутс и Изабель спрятались за окнами, в безопасности.
Estaban custodiados por criadas con escobas y trapeadores.
Их охраняли горничные с метлами и швабрами.
Pero Buck no era un perro de casa ni tampoco de perrera.
Но Бак не был домашней собакой, но и не был собакой, живущей в вольере.
Toda la propiedad pertenecía a Buck como su legítimo reino.
Вся собственность принадлежала Бак по праву.
Buck nadaba en el tanque o salía a cazar con los hijos del juez.
Бэк плавал в резервуаре или ходил на охоту с сыновьями судьи.
Caminaba con Mollie y Alice temprano o tarde.
Он гулял с Молли и Элис рано утром или поздно вечером.
En las noches frías yacía junto al fuego de la biblioteca con el juez.
Холодными ночами он лежал у камина в библиотеке вместе с судьей.
Buck llevaba a los nietos del juez en su fuerte espalda.
Бак катал внуков судьи на своей сильной спине.
Se revolcó en el césped con los niños, vigilándolos de cerca.
Он катался по траве вместе с мальчиками, внимательно следя за ними.
Se aventuraron hasta la fuente e incluso pasaron por los campos de bayas.

Они дошли до фонтана и даже прошли мимо ягодных полей.

Entre los fox terriers, Buck caminaba siempre con orgullo real.

Среди фокстерьеров Бак всегда ходил с королевской гордостью.

Él ignoró a Toots y Ysabel, tratándolos como si fueran aire.

Он игнорировал Тутса и Изабель, обращаясь с ними так, словно они были воздухом.

Buck reinaba sobre todas las criaturas vivientes en la tierra del juez Miller.

Бэк правил всеми живыми существами на земле судьи Миллера.

Él gobernaba a los animales, a los insectos, a los pájaros e incluso a los humanos.

Он правил животными, насекомыми, птицами и даже людьми.

El padre de Buck, Elmo, había sido un San Bernardo enorme y leal.

Отец Бака, Элмо, был огромным и преданным сенбернаром.

Elmo nunca se apartó del lado del juez y le sirvió fielmente.

Элмо никогда не покидал судью и служил ему верой и правдой.

Buck parecía dispuesto a seguir el noble ejemplo de su padre.

Бак, казалось, был готов последовать благородному примеру своего отца.

Buck no era tan grande: pesaba ciento cuarenta libras.

Бак был не таким уж большим, весил сто сорок фунтов.

Su madre, Shep, había sido una excelente perra pastor escocesa.

Его мать, Шеп, была прекрасной шотландской овчаркой.

Pero incluso con ese peso, Buck caminaba con presencia majestuosa.

Но даже при таком весе Бак шел с королевской осанкой.

Esto fue gracias a la buena comida y al respeto que siempre recibió.
Это было достигнуто благодаря хорошей еде и уважению, которое он всегда получал.
Durante cuatro años, Buck había vivido como un noble mimado.
Четыре года Бак жил как избалованный дворянин.
Estaba orgulloso de sí mismo y hasta era un poco egoísta.
Он был горд собой и даже немного эгоистичен.
Ese tipo de orgullo era común entre los señores de países remotos.
Подобная гордость была обычным явлением среди лордов отдаленных деревень.
Pero Buck se salvó de convertirse en un perro doméstico mimado.
Но Бак спас себя от превращения в избалованную домашнюю собаку.
Se mantuvo delgado y fuerte gracias a la caza y el ejercicio.
Он оставался стройным и сильным благодаря охоте и физическим упражнениям.
Amaba profundamente el agua, como la gente que se baña en lagos fríos.
Он очень любил воду, как люди, купающиеся в холодных озерах.
Este amor por el agua mantuvo a Buck fuerte y muy saludable.
Эта любовь к воде помогла Бак оставаться сильным и очень здоровым.
Éste era el perro en que se había convertido Buck en el otoño de 1897.
Именно такой собакой стал Бак осенью 1897 года.
Cuando la huelga de Klondike arrastró a los hombres hacia el gélido Norte.
Когда забастовка на Клондайке затянула людей на холодный Север.
La gente acudió en masa desde todos los rincones del mundo hacia aquella tierra fría.

Люди со всего мира устремились в эти холодные края.
Buck, sin embargo, no leía los periódicos ni entendía las noticias.
Однако Бак не читал газет и не понимал новостей.
Él no sabía que Manuel era un mal hombre con quien estar.
Он не знал, что Мануэль был плохим человеком.
Manuel, que ayudaba en el jardín, tenía un problema profundo.
У Мануэля, помогавшего в саду, была серьезная проблема.
Manuel era adicto al juego de la lotería china.
Мануэль пристрастился к азартным играм в китайской лотерее.
También creía firmemente en un sistema fijo para ganar.
Он также твердо верил в фиксированную систему победы.
Esa creencia hizo que su fracaso fuera seguro e inevitable.
Эта вера сделала его неудачу неизбежной и неизбежной.
Jugar con un sistema exige dinero, del que Manuel carecía.
Игра по системе требует денег, которых у Мануэля не было.
Su salario apenas alcanzaba para mantener a su esposa y a sus numerosos hijos.
Его зарплаты едва хватало на содержание жены и многочисленных детей.
La noche en que Manuel traicionó a Buck, las cosas estaban normales.
В ту ночь, когда Мануэль предал Бака, все было нормально.
El juez estaba en una reunión de la Asociación de Productores de Pasas.
Судья находился на собрании Ассоциации производителей изюма.
Los hijos del juez estaban entonces ocupados formando un club atlético.
Сыновья судьи в то время были заняты созданием спортивного клуба.
Nadie vio a Manuel y Buck salir por el huerto.
Никто не видел, как Мануэль и Бак уходили через сад.

Buck pensó que esta caminata era simplemente un simple paseo nocturno.
Бак думал, что эта прогулка — просто ночная прогулка.
Se encontraron con un solo hombre en la estación de la bandera, en College Park.
На флагманской станции в Колледж-Парке они встретили только одного мужчину.
Ese hombre habló con Manuel y intercambiaron dinero.
Этот человек поговорил с Мануэлем, и они обменялись деньгами.
"Envuelva la mercancía antes de entregarla", sugirió.
«Упакуйте товар перед доставкой», — посоветовал он.
La voz del hombre era áspera e impaciente mientras hablaba.
Голос мужчины был грубым и нетерпеливым.
Manuel ató cuidadosamente una cuerda gruesa alrededor del cuello de Buck.
Мануэль осторожно обвязал шею Бака толстой верёвкой.
"Si retuerces la cuerda, lo estrangularás bastante"
«Скрути верёвку, и ты его сильно задушишь»
El extraño emitió un gruñido, demostrando que entendía bien.
Незнакомец хмыкнул, показывая, что он всё понял.
Buck aceptó la cuerda con calma y tranquila dignidad ese día.
В тот день Бак принял верёвку со спокойным и тихим достоинством.
Fue un acto inusual, pero Buck confiaba en los hombres que conocía.
Это был необычный поступок, но Бак доверял людям, которых знал.
Él creía que su sabiduría iba mucho más allá de su propio pensamiento.
Он считал, что их мудрость намного превосходит его собственные мысли.
Pero entonces la cuerda fue entregada a manos del extraño.
Но затем верёвка попала в руки незнакомца.

Buck emitió un gruñido bajo que advertía con una amenaza silenciosa.
Бак издал низкий рык, в котором звучала тихая угроза.
Era orgulloso y autoritario y quería mostrar su descontento.
Он был горд и властен и хотел выразить свое недовольство.
Buck creyó que su advertencia sería entendida como una orden.
Бак считал, что его предупреждение будет воспринято как приказ.
Para su sorpresa, la cuerda se tensó rápidamente alrededor de su grueso cuello.
К его удивлению, веревка быстро затянулась вокруг его толстой шеи.
Se quedó sin aire y comenzó a luchar con una furia repentina.
Ему перекрыли доступ воздуха, и он начал драться в припадке внезапной ярости.
Saltó hacia el hombre, quien rápidamente se encontró con Buck en el aire.
Он прыгнул на человека, который тут же столкнулся с Баком в воздухе.
El hombre agarró la garganta de Buck y lo retorció hábilmente en el aire.
Мужчина схватил Бака за горло и ловко повернул его в воздухе.
Buck fue arrojado al suelo con fuerza, cayendo de espaldas.
Бака сильно швырнуло на землю, и он упал на спину.
La cuerda ahora lo estrangulaba cruelmente mientras él pateaba salvajemente.
Веревка теперь жестоко душила его, пока он яростно брыкался.
Se le cayó la lengua, su pecho se agitó, pero no recuperó el aliento.
Язык его вывалился, грудь вздымалась, но дыхания не было.
Nunca había sido tratado con tanta violencia en su vida.
Никогда в жизни с ним не обращались с таким насилием.

Tampoco nunca antes se había sentido tan lleno de furia.
Никогда еще он не испытывал такой глубокой ярости.
Pero el poder de Buck se desvaneció y sus ojos se volvieron vidriosos.
Но сила Бака угасла, а его глаза остекленели.
Se desmayó justo cuando un tren se detuvo cerca.
Он потерял сознание как раз в тот момент, когда неподалеку остановился поезд.
Luego los dos hombres lo arrojaron rápidamente al vagón de equipaje.
Затем двое мужчин быстро закинули его в багажный вагон.
Lo siguiente que sintió Buck fue dolor en su lengua hinchada.
Следующее, что почувствовал Бак, была боль в распухшем языке.
Se desplazaba en un carro tambaleante, apenas consciente.
Он двигался в трясущейся повозке, находясь лишь в смутном сознании.
El agudo grito del silbato del tren le indicó a Buck su ubicación.
Резкий свисток поезда подсказал Бак его местонахождение.
Había viajado muchas veces con el Juez y conocía esa sensación.
Он часто ездил с судьей и знал это чувство.
Fue una experiencia única viajar nuevamente en un vagón de equipajes.
Это было уникальное ощущение — снова ехать в багажном вагоне.
Buck abrió los ojos y su mirada ardía de rabia.
Бак открыл глаза, и взгляд его горел яростью.
Esta fue la ira de un rey orgulloso destronado.
Это был гнев гордого царя, свергнутого с трона.
Un hombre intentó agarrarlo, pero Buck lo atacó primero.
Какой-то мужчина потянулся, чтобы схватить его, но Бак вместо этого нанес удар первым.

Hundió los dientes en la mano del hombre y la sujetó con fuerza.
Он впился зубами в руку мужчины и крепко сжал ее.
No lo soltó hasta que se desmayó por segunda vez.
Он не отпускал меня, пока не потерял сознание во второй раз.
—Sí, tiene ataques —murmuró el hombre al maletero.
«Да, у него припадки», — пробормотал мужчина носильщику багажа.
El maletero había oído la lucha y se acercó.
Носильщик багажа услышал шум борьбы и подошел ближе.
"Lo llevaré a Frisco para el jefe", explicó el hombre.
«Я везу его во Фриско к боссу», — объяснил мужчина.
"Allí hay un buen veterinario que dice poder curarlos".
«Там есть замечательный собачий доктор, который говорит, что может их вылечить».
Más tarde esa noche, el hombre dio su propio relato completo.
Позже тем же вечером мужчина дал свой полный отчет.
Habló desde un cobertizo detrás de un salón en los muelles.
Он говорил из сарая за салуном в доках.
"Lo único que me dieron fueron cincuenta dólares", se quejó al tabernero.
«Мне дали всего пятьдесят долларов», — пожаловался он хозяину салуна.
"No lo volvería a hacer ni por mil dólares en efectivo".
«Я бы не сделал этого снова, даже за тысячу наличными».
Su mano derecha estaba fuertemente envuelta en un paño ensangrentado.
Его правая рука была туго обмотана окровавленной тканью.
La pernera de su pantalón estaba abierta de par en par desde la rodilla hasta el pie.
Его штанина была разорвана от колена до ступни.
—¿Cuánto le pagaron al otro tipo? —preguntó el tabernero.

«Сколько же заплатили тому, другому парню?» — спросил хозяин салуна.

"Cien", respondió el hombre, "no aceptaría ni un centavo menos".

«Сто», — ответил мужчина, — «он не возьмет ни цента меньше».

—Eso suma ciento cincuenta —dijo el tabernero.

«Итого получается сто пятьдесят», — сказал хозяин салуна.

"Y él lo vale todo, o no soy más que un idiota".

«И он стоит всего этого, иначе я не лучше болвана».

El hombre abrió los envoltorios para examinar su mano.

Мужчина развернул обертку, чтобы осмотреть свою руку.

La mano estaba gravemente desgarrada y cubierta de sangre seca.

Рука была сильно порвана и покрыта коркой засохшей крови.

"Si no consigo la hidrofobia..." empezó a decir.

«Если я не заболею водобоязнью...», — начал он.

"Será porque naciste para la horca", dijo entre risas.

«Это потому, что ты рожден, чтобы быть повешенным», — раздался смех.

"Ven a ayudarme antes de irte", le pidieron.

«Помоги мне, прежде чем ты уйдешь», — попросили его.

Buck estaba aturdido por el dolor en la lengua y la garganta.

Бак был в оцепенении от боли в языке и горле.

Estaba medio estrangulado y apenas podía mantenerse en pie.

Он был полузадушен и едва мог стоять на ногах.

Aún así, Buck intentó enfrentar a los hombres que lo habían lastimado.

И все же Бак попытался встретиться с людьми, которые причинили ему столько боли.

Pero lo derribaron y lo estrangularon una vez más.

Но они бросили его на землю и снова стали душить.

Sólo entonces pudieron quitarle el pesado collar de bronce.

Только после этого они смогли снять с него тяжелый латунный ошейник.

Le quitaron la cuerda y lo metieron en una caja.
Они сняли веревку и затолкали его в ящик.
La caja era pequeña y tenía la forma de una tosca jaula de hierro.
Ящик был небольшим и по форме напоминал грубую железную клетку.
Buck permaneció allí toda la noche, lleno de ira y orgullo herido.
Бак пролежал там всю ночь, полный гнева и уязвленной гордости.
No podía ni siquiera empezar a comprender lo que le estaba pasando.
Он не мог понять, что с ним происходит.
¿Por qué estos hombres extraños lo mantenían en esa pequeña caja?
Почему эти странные люди держали его в этом маленьком ящике?
¿Qué querían de él y por qué este cruel cautiverio?
Что они хотели от него и почему он оказался в таком жестоком плену?
Sintió una presión oscura; una sensación de desastre que se acercaba.
Он чувствовал темное давление, предчувствие приближающейся катастрофы.
Era un miedo vago, pero que se apoderó pesadamente de su espíritu.
Это был смутный страх, но он глубоко засел в его душе.
Saltó varias veces cuando la puerta del cobertizo vibró.
Несколько раз он вскакивал, когда грохотала дверь сарая.
Esperaba que el juez o los muchachos aparecieran y lo rescataran.
Он ожидал, что судья или мальчики появятся и спасут его.
Pero cada vez sólo se asomaba el rostro gordo del tabernero.
Но каждый раз внутрь заглядывало только толстое лицо хозяина питейного заведения.
El rostro del hombre estaba iluminado por el tenue resplandor de una vela de sebo.

Лицо мужчины освещал тусклый свет сальной свечи.
Cada vez, el alegre ladrido de Buck cambiaba a un gruñido bajo y enojado.
Каждый раз радостный лай Бака сменялся тихим, сердитым рычанием.

El tabernero lo dejó solo durante la noche en el cajón.
Хозяин салуна оставил его одного на ночь в ящике.
Pero cuando se despertó por la mañana, venían más hombres.
Но когда он проснулся утром, людей стало еще больше.
Llegaron cuatro hombres y recogieron la caja con cuidado y sin decir palabra.
Подошли четверо мужчин и осторожно подняли ящик, не сказав ни слова.
Buck supo de inmediato en qué situación se encontraba.
Бак сразу понял, в какой ситуации он оказался.
Eran otros torturadores contra los que tenía que luchar y a los que tenía que temer.
Они были новыми мучителями, с которыми ему приходилось бороться и которых он боялся.
Estos hombres parecían malvados, andrajosos y muy mal arreglados.
Эти люди выглядели злыми, оборванными и очень неухоженными.
Buck gruñó y se abalanzó sobre ellos ferozmente a través de los barrotes.
Бак зарычал и яростно бросился на них через прутья решетки.
Ellos simplemente se rieron y lo golpearon con largos palos de madera.
Они просто смеялись и тыкали в него длинными деревянными палками.
Buck mordió los palos y luego se dio cuenta de que eso era lo que les gustaba.
Бак откусил палочки, а потом понял, что им это нравится.

Así que se quedó acostado en silencio, hosco y ardiendo de rabia silenciosa.
Поэтому он тихо лег, угрюмый и горящий тихой яростью.
Subieron la caja a un carro y se fueron con él.
Они погрузили ящик в повозку и увезли его.
La caja, con Buck encerrado dentro, cambiaba de manos a menudo.
Ящик, в котором был заперт Бак, часто переходил из рук в руки.
Los empleados de la oficina exprés se hicieron cargo de él y lo atendieron brevemente.
Сотрудники офиса экспресс-доставки взяли его под контроль и быстро с ним разобрались.
Luego, otro carro transportó a Buck a través de la ruidosa ciudad.
Затем другая повозка провезла Бака через шумный город.
Un camión lo llevó con cajas y paquetes a un ferry.
Грузовик отвез его с коробками и посылками на паром.
Después de cruzar, el camión lo descargó en una estación ferroviaria.
После переправы грузовик выгрузил его на железнодорожной станции.
Finalmente, colocaron a Buck dentro de un vagón expreso que lo esperaba.
Наконец Бака поместили в ожидавший его экспресс-вагон.
Durante dos días y dos noches, los trenes arrastraron el vagón expreso.
Двое суток поезда тащили экспресс-вагон.
Buck no comió ni bebió durante todo el doloroso viaje.
Бак не ел и не пил во время всего мучительного путешествия.
Cuando los mensajeros expresos intentaron acercarse a él, gruñó.
Когда курьеры попытались приблизиться к нему, он зарычал.
Ellos respondieron burlándose de él y molestándolo cruelmente.

В ответ они стали издеваться и жестоко дразнить его.
Buck se arrojó contra los barrotes, echando espuma y temblando.
Бак бросился на прутья, весь в пене и трясясь.
Se rieron a carcajadas y se burlaron de él como matones del patio de la escuela.
они громко смеялись и издевались над ним, как школьные хулиганы.
Ladraban como perros de caza y agitaban los brazos.
Они лаяли, как ненастоящие собаки, и хлопали руками.
Incluso cantaron como gallos sólo para molestarlo más.
Они даже кричали как петухи, чтобы еще больше его расстроить.
Fue un comportamiento tonto y Buck sabía que era ridículo.
Это было глупое поведение, и Бак знал, что оно нелепо.
Pero eso sólo profundizó su sentimiento de indignación y vergüenza.
Но это лишь усилило его чувство возмущения и стыда.
Durante el viaje no le molestó mucho el hambre.
Во время путешествия голод его не сильно беспокоил.
Pero la sed traía consigo un dolor agudo y un sufrimiento insoportable.
Но жажда принесла острую боль и невыносимые страдания.
Su garganta y lengua secas e inflamadas ardían de calor.
Его сухое, воспаленное горло и язык горели от жара.
Este dolor alimentó la fiebre que crecía dentro de su orgulloso cuerpo.
Эта боль подпитывала жар, поднимавшийся в его гордом теле.
Buck estuvo agradecido por una sola cosa durante esta prueba.
Бак был благодарен за одну единственную вещь во время этого судебного разбирательства.
Le habían quitado la cuerda que le rodeaba el grueso cuello.
Веревка была снята с его толстой шеи.

La cuerda había dado a esos hombres una ventaja injusta y cruel.
Верёвка дала этим людям несправедливое и жестокое преимущество.
Ahora la cuerda había desaparecido y Buck juró que nunca volvería.
Теперь верёвка исчезла, и Бак поклялся, что она больше никогда не вернётся.
Decidió que nunca más volvería a pasarle una cuerda al cuello.
Он решил, что больше никогда верёвка не обмотается вокруг его шеи.
Durante dos largos días y noches sufrió sin comer.
Два долгих дня и две ночи он страдал без еды.
Y en esas horas se fue acumulando en su interior una rabia enorme.
И за эти часы внутри него накопилась огромная ярость.
Sus ojos se volvieron inyectados en sangre y salvajes por la ira constante.
Его глаза налились кровью и стали дикими от постоянного гнева.
Ya no era Buck, sino un demonio con mandíbulas chasqueantes.
Это был уже не Бак, а демон с щёлкающими челюстями.
Ni siquiera el juez habría reconocido a esta loca criatura.
Даже судья не узнал бы это безумное существо.
Los mensajeros exprés suspiraron aliviados cuando llegaron a Seattle.
Курьеры вздохнули с облегчением, когда добрались до Сиэтла.
Cuatro hombres levantaron la caja y la llevaron a un patio trasero.
Четверо мужчин подняли ящик и вынесли его на задний двор.
El patio era pequeño, rodeado de muros altos y sólidos.
Двор был небольшой, окружённый высокими и прочными стенами.

Un hombre corpulento salió con una camisa roja holgada.
Из дома вышел крупный мужчина в обвисшей красной рубашке-свитере.
Firmó el libro de entrega con letra gruesa y atrevida.
Он расписался в книге поставок толстым и смелым почерком.
Buck sintió de inmediato que este hombre era su próximo torturador.
Бак сразу почувствовал, что этот человек — его следующий мучитель.
Se abalanzó violentamente contra los barrotes, con los ojos rojos de furia.
Он яростно бросился на прутья, его глаза покраснели от ярости.
El hombre simplemente sonrió oscuramente y fue a buscar un hacha.
Мужчина лишь мрачно улыбнулся и пошел за топором.
También traía un garrote en su gruesa y fuerte mano derecha.
В своей толстой и сильной правой руке он также держал дубинку.
"¿Vas a sacarlo ahora?" preguntó preocupado el conductor.
«Вы собираетесь его вывезти?» — обеспокоенно спросил водитель.
—Claro —dijo el hombre, metiendo el hacha en la caja a modo de palanca.
«Конечно», — сказал мужчина, втыкая топор в ящик как рычаг.
Los cuatro hombres se dispersaron instantáneamente y saltaron al muro del patio.
Четверо мужчин мгновенно разбежались и вскочили на стену двора.
Desde sus lugares seguros arriba, esperaban para observar el espectáculo.
Из своих безопасных мест наверху они ждали, чтобы понаблюдать за зрелищем.

Buck se abalanzó sobre la madera astillada, mordiéndola y sacudiéndola ferozmente.

Бэк бросился на расколотое дерево, яростно кусая его и тряся.

Cada vez que el hacha golpeaba la jaula, Buck estaba allí para atacarla.

Каждый раз, когда топор ударялся о клетку, Бак был рядом и нападал на него.

Gruñó y chasqueó los dientes con furia salvaje, ansioso por ser liberado.

Он рычал и кричал от дикой ярости, жаждая освобождения.

El hombre que estaba afuera estaba tranquilo y firme, concentrado en su tarea.

Человек снаружи был спокоен и уравновешен, сосредоточенный на своей задаче.

"Muy bien, demonio de ojos rojos", dijo cuando el agujero fue grande.

«Ну ладно, черт с красными глазами», — сказал он, когда дыра стала большой.

Dejó caer el hacha y tomó el garrote con su mano derecha.

Он бросил топор и взял дубинку в правую руку.

Buck realmente parecía un demonio; con los ojos inyectados en sangre y llameantes.

Бак действительно был похож на дьявола: глаза налились кровью и сверкали.

Su pelaje se erizó, le salía espuma por la boca y sus ojos brillaban.

Его шерсть встала дыбом, изо рта шла пена, глаза блестели.

Tensó los músculos y se lanzó directamente hacia el suéter rojo.

Он напряг мышцы и прыгнул прямо на красный свитер.

Ciento cuarenta libras de furia volaron hacia el hombre tranquilo.

Сто сорок фунтов ярости обрушились на спокойного человека.

Justo antes de que sus mandíbulas se cerraran, un golpe terrible lo golpeó.
Прежде чем его челюсти сомкнулись, его поразил страшный удар.
Sus dientes chasquearon al chocar contra nada más que el aire.
Его зубы щелкали, не слыша ничего, кроме воздуха.
Una sacudida de dolor resonó a través de su cuerpo
боль пронзила его тело
Dio una vuelta en el aire y se estrelló sobre su espalda y su costado.
Он перевернулся в воздухе и рухнул на спину и бок.
Nunca antes había sentido el golpe de un garrote y no podía agarrarlo.
Он никогда раньше не чувствовал удара дубинки и не мог его удержать.
Con un gruñido estridente, mitad ladrido, mitad grito, saltó de nuevo.
С пронзительным рычанием, наполовину лаем, наполовину воплем, он снова прыгнул.
Otro golpe brutal lo alcanzó y lo arrojó al suelo.
Еще один жестокий удар поразил его и швырнул на землю.
Esta vez Buck lo entendió: era el pesado garrote del hombre.
На этот раз Бак понял — это была тяжелая дубинка мужчины.
Pero la rabia lo cegó y no pensó en retirarse.
Но ярость ослепила его, и он не думал отступать.
Doce veces se lanzó y doce veces cayó.
Двенадцать раз он подпрыгивал и двенадцать раз падал.
El palo de madera lo golpeaba cada vez con una fuerza despiadada y aplastante.
Деревянная дубинка каждый раз наносила ему удары с беспощадной, сокрушительной силой.
Después de un golpe feroz, se tambaleó hasta ponerse de pie, aturdido y lento.

После одного сильного удара он медленно и шатко поднялся на ноги.
Le salía sangre de la boca, de la nariz y hasta de las orejas.
Кровь текла у него изо рта, носа и даже ушей.
Su pelaje, otrora hermoso, estaba manchado de espuma sanguinolenta.
Его некогда красивая шерсть была заляпана кровавой пеной.
Entonces el hombre se adelantó y le dio un golpe tremendo en la nariz.
Затем мужчина подошел и нанес сильный удар по носу.
La agonía fue más aguda que cualquier cosa que Buck hubiera sentido jamás.
Мучения были сильнее, чем когда-либо испытывал Бак.
Con un rugido más de bestia que de perro, saltó nuevamente para atacar.
С рыком, больше похожим на зверя, чем на собаку, он снова прыгнул, чтобы атаковать.
Pero el hombre se agarró la mandíbula inferior y la torció hacia atrás.
Но мужчина схватил его за нижнюю челюсть и вывернул ее назад.
Buck se dio una vuelta de cabeza y volvió a caer con fuerza.
Бак перевернулся и снова сильно рухнул.
Una última vez, Buck cargó contra él, ahora apenas capaz de mantenerse en pie.
Бак бросился на него в последний раз, теперь едва держась на ногах.
El hombre atacó con una sincronización experta, dando el golpe final.
Мужчина нанес последний удар, рассчитав момент.
Buck se desplomó en un montón, inconsciente e inmóvil.
Бак рухнул на землю, потеряв сознание и не двигаясь.
"No es ningún inútil a la hora de domar perros, eso es lo que digo", gritó un hombre.
«Он не промах в дрессировке собак, вот что я скажу», — крикнул мужчина.

"Druther puede quebrar la voluntad de un perro cualquier día de la semana".

«Друтер может сломить волю гончей в любой день недели».

"¡Y dos veces el domingo!" añadió el conductor.

«И дважды в воскресенье!» — добавил водитель.

Se subió al carro y tiró de las riendas para partir.

Он забрался в повозку и щелкнул вожжами, чтобы уехать.

Buck recuperó lentamente el control de su conciencia.

Бак медленно восстановил контроль над своим сознанием.

Pero su cuerpo todavía estaba demasiado débil y roto para moverse.

но его тело было все еще слишком слабым и сломанным, чтобы двигаться.

Se quedó donde había caído, observando al hombre del suéter rojo.

Он лежал там, где упал, и смотрел на человека в красном свитере.

"Responde al nombre de Buck", dijo el hombre, leyendo en voz alta.

«Он откликается на имя Бак», — сказал мужчина, читая вслух.

Citó la nota enviada con la caja de Buck y los detalles.

Он процитировал записку, отправленную вместе с ящиком Бака, и подробности.

—Bueno, Buck, muchacho —continuó el hombre con tono amistoso—.

«Ну, Бак, мой мальчик», — продолжил мужчина дружелюбным тоном,

"Hemos tenido nuestra pequeña pelea y ahora todo ha terminado entre nosotros".

«Мы немного повздорили, и теперь между нами все кончено».

"Tú has aprendido cuál es tu lugar y yo he aprendido cuál es el mío", añadió.

«Ты узнал свое место, а я узнал свое», — добавил он.

"Sé bueno y todo irá bien y la vida será placentera".

«Будьте добры, и все будет хорошо, и жизнь будет приятной».
"Pero si te portas mal, te daré una paliza, ¿entiendes?"
«Но будешь плохо себя вести, и я из тебя выбью всю дурь, понял?»
Mientras hablaba, extendió la mano y acarició la cabeza dolorida de Buck.
Говоря это, он протянул руку и погладил Бака по больной голове.
El cabello de Buck se erizó ante el toque del hombre, pero no se resistió.
Волосы Бака встали дыбом от прикосновения мужчины, но он не сопротивлялся.
El hombre le trajo agua, que Buck bebió a grandes tragos.
Мужчина принес ему воды, которую Бак выпил большими глотками.
Luego vino la carne cruda, que Buck devoró trozo a trozo.
Затем пришло сырое мясо, которое Бак поглощал кусок за куском.
Sabía que estaba derrotado, pero también sabía que no estaba roto.
Он знал, что его побили, но он также знал, что он не сломлен.
No tenía ninguna posibilidad contra un hombre armado con un garrote.
У него не было шансов против человека, вооруженного дубинкой.
Había aprendido la verdad y nunca olvidó esa lección.
Он усвоил истину и никогда не забывал этот урок.
Esa arma fue el comienzo de la ley en el nuevo mundo de Buck.
Это оружие стало началом закона в новом мире Бака.
Fue el comienzo de un orden duro y primitivo que no podía negar.
Это было начало сурового, примитивного порядка, который он не мог отрицать.

Aceptó la verdad; sus instintos salvajes ahora estaban despiertos.
Он принял правду; теперь его дикие инстинкты пробудились.
El mundo se había vuelto más duro, pero Buck lo afrontó con valentía.
Мир стал суровее, но Бак мужественно встретил это.
Afrontó la vida con nueva cautela, astucia y fuerza silenciosa.
Он встретил жизнь с новой осторожностью, хитростью и тихой силой.
Llegaron más perros, atados con cuerdas o cajas como había estado Buck.
Прибыли новые собаки, привязанные веревками или в клетках, как и Бак.
Algunos perros llegaron con calma, otros se enfurecieron y pelearon como bestias salvajes.
Некоторые собаки шли спокойно, другие бушевали и дрались, как дикие звери.
Todos ellos quedaron bajo el dominio del hombre del suéter rojo.
Все они попали под власть человека в красном свитере.
Cada vez, Buck observaba y veía cómo se desarrollaba la misma lección.
Каждый раз Бак наблюдал и видел, как разворачивается один и тот же урок.
El hombre con el garrote era la ley, un amo al que había que obedecer.
Человек с дубинкой был законом, хозяином, которому следовало подчиняться.
No necesitaba ser querido, pero sí obedecido.
Ему не нужно было, чтобы его любили, но ему нужно было подчиняться.
Buck nunca adulaba ni meneaba la cola como lo hacían los perros más débiles.
Бэк никогда не лебезил и не вилял хвостом, как более слабые собаки.

Vio perros que estaban golpeados y todavía lamían la mano del hombre.
Он видел собак, которых избивали, но они продолжали лизать руку мужчины.
Vio un perro que no obedecía ni se sometía en absoluto.
Он увидел одну собаку, которая вообще не слушалась и не подчинялась.
Ese perro luchó hasta que murió en la batalla por el control.
Этот пес сражался до тех пор, пока не был убит в битве за контроль.
A veces, desconocidos venían a ver al hombre del suéter rojo.
Иногда к человеку в красном свитере приходили незнакомцы.
Hablaban en tonos extraños, suplicando, negociando y riendo.
Они говорили странными голосами, умоляя, торгуясь и смеясь.
Cuando se intercambiaba dinero, se iban con uno o más perros.
После обмена денег они уходили с одной или несколькими собаками.
Buck se preguntó a dónde habían ido esos perros, pues ninguno regresaba jamás.
Бак задавался вопросом, куда делись эти собаки, ведь ни одна из них не вернулась.
El miedo a lo desconocido llenaba a Buck cada vez que un hombre extraño se acercaba.
Страх перед неизвестностью наполнял Бака каждый раз, когда приходил незнакомый человек.
Se alegraba cada vez que se llevaban a otro perro en lugar de a él mismo.
он был рад каждый раз, когда забирали другую собаку, а не его самого.
Pero finalmente, llegó el turno de Buck con la llegada de un hombre extraño.

Но наконец настала очередь Бака с появлением странного человека.

Era pequeño, fibroso y hablaba un inglés deficiente y decía palabrotas.

Он был невысокого роста, жилистый, говорил на ломаном английском и ругался.

—¡Sacredam! —gritó cuando vio el cuerpo de Buck.

«Святое святых!» — закричал он, увидев тело Бака.

—¡Qué perro tan bravucón! ¿Eh? ¿Cuánto? —preguntó en voz alta.

«Вот это чертовски хулиганская собака! А? Сколько?» — спросил он вслух.

"Trescientos, y es un regalo a ese precio".

«Триста, и за такую цену он просто подарок»,

—Como es dinero del gobierno, no deberías quejarte, Perrault.

«Поскольку это государственные деньги, ты не должен жаловаться, Перро».

Perrault sonrió ante el trato que acababa de hacer con aquel hombre.

Перро ухмыльнулся, увидев сделку, которую он только что заключил с этим человеком.

El precio de los perros se disparó debido a la repentina demanda.

Цены на собак резко выросли из-за внезапного спроса.

Trescientos dólares no era injusto para una bestia tan bella.

Триста долларов — это не так уж и несправедливо за такое прекрасное животное.

El gobierno canadiense no perdería nada con el acuerdo

Канадское правительство ничего не потеряет в этой сделке.

Además sus despachos oficiales tampoco sufrirían demoras en el tránsito.

Их официальные донесения также не будут задерживаться в пути.

Perrault conocía bien a los perros y podía ver que Buck era algo raro.

Перро хорошо знал собак и понимал, что Бак — нечто необычное.

"Uno entre diez diez mil", pensó mientras estudiaba la complexión de Buck.

«Один из десяти десятков тысяч», — подумал он, изучая телосложение Бака.

Buck vio que el dinero cambiaba de manos, pero no mostró sorpresa.

Бак видел, как деньги перешли из рук в руки, но не выказал никакого удивления.

Pronto él y Curly, un gentil Terranova, fueron llevados lejos.

Вскоре его и Керли, доброго ньюфаундленда, увели.

Siguieron al hombrecito desde el patio del suéter rojo.

Они последовали за маленьким человечком от двора, где стоял красный свитер.

Esa fue la última vez que Buck vio al hombre con el garrote de madera.

Это был последний раз, когда Бак видел человека с деревянной дубинкой.

Desde la cubierta del Narwhal vio cómo Seattle se desvanecía en la distancia.

С палубы «Нарвала» он наблюдал, как Сиэтл исчезает вдали.

También fue la última vez que vio las cálidas tierras del Sur.

Это был также последний раз, когда он видел теплый Юг.

Perrault los llevó bajo cubierta y los dejó con François.

Перро отвел их на нижнюю палубу и оставил с Франсуа.

François era un gigante de cara negra y manos ásperas y callosas.

Франсуа был чернолицым великаном с грубыми, мозолистыми руками.

Era oscuro y moreno, un mestizo francocanadiense.

Он был смуглый и смуглый, полукровка франко-канадского происхождения.

Para Buck, estos hombres eran de un tipo que nunca había visto antes.

Для Бака эти люди были людьми, которых он никогда раньше не видел.

En los días venideros conocería a muchos hombres así.
В будущем ему предстоит познакомиться со многими такими людьми.

No llegó a encariñarse con ellos, pero llegó a respetarlos.
Он не полюбил их, но стал уважать.

Eran justos y sabios, y no se dejaban engañar fácilmente por ningún perro.
Они были справедливы и мудры, и ни одна собака не могла их обмануть.

Juzgaban a los perros con calma y castigaban sólo cuando lo merecían.
Они судили собак спокойно и наказывали только тогда, когда это было заслуженно.

En la cubierta inferior del Narwhal, Buck y Curly se encontraron con dos perros.
На нижней палубе «Нарвала» Бак и Кёрли встретили двух собак.

Uno de ellos era un gran perro blanco procedente de la lejana y gélida región de Spitzbergen.
Одним из них была большая белая собака с далекого ледяного Шпицбергена.

Una vez navegó con un ballenero y se unió a un grupo de investigación.
Однажды он плавал на китобойном судне и присоединился к исследовательской группе.

Era amigable de una manera astuta, deshonesta y tramposa.
Он был дружелюбен, но хитрым, коварным и коварным.

En su primera comida, robó un trozo de carne de la sartén de Buck.
Во время их первой трапезы он украл кусок мяса из сковороды Бака.

Buck saltó para castigarlo, pero el látigo de François golpeó primero.
Бэк прыгнул, чтобы наказать его, но хлыст Франсуа ударил первым.

El ladrón blanco gritó y Buck recuperó el hueso robado.
Белый вор взвизгнул, и Бак забрал украденную кость.
Esa imparcialidad impresionó a Buck y François se ganó su respeto.
Такая справедливость произвела впечатление на Бэка, и Франсуа заслужил его уважение.
El otro perro no saludó y no quiso recibir saludos a cambio.
Другая собака не поздоровалась и не хотела ничего в ответ.
No robaba comida ni olfateaba con interés a los recién llegados.
Он не крал еду и не обнюхивал с интересом вновь прибывших.
Este perro era sombrío y silencioso, melancólico y de movimientos lentos.
Эта собака была мрачной и молчаливой, угрюмой и медлительной.
Le advirtió a Curly que se mantuviera alejada simplemente mirándola fijamente.
Он предупредил Кёрли держаться подальше, просто пристально посмотрев на нее.
Su mensaje fue claro: déjenme en paz o habrá problemas.
Его послание было ясным: оставьте меня в покое, иначе будут проблемы.
Se llamaba Dave y apenas se fijaba en su entorno.
Его звали Дэйв, и он почти не замечал окружающего мира.
Dormía a menudo, comía tranquilamente y bostezaba de vez en cuando.
Он часто спал, тихо ел и время от времени зевал.

El barco zumbaba constantemente con la hélice golpeando debajo.
Корабль непрерывно гудел из-за работающего внизу винта.
Los días pasaron con pocos cambios, pero el clima se volvió más frío.

Дни проходили без особых изменений, но погода становилась холоднее.

Buck podía sentirlo en sus huesos y notó que los demás también lo sentían.

Бак чувствовал это всем своим существом и заметил, что остальные тоже.

Entonces, una mañana, la hélice se detuvo y todo quedó en silencio.

И вот однажды утром пропеллер остановился, и все стихло.

Una energía recorrió la nave; algo había cambiado.

По кораблю пронеслась энергия; что-то изменилось.

François bajó, les puso las correas y los trajo arriba.

Франсуа спустился вниз, пристегнул их поводками и поднял наверх.

Buck salió y encontró el suelo suave, blanco y frío.

Бак вышел и обнаружил, что земля мягкая, белая и холодная.

Saltó hacia atrás alarmado y resopló totalmente confundido.

Он встревоженно отскочил назад и фыркнул в полном замешательстве.

Una extraña sustancia blanca caía del cielo gris.

С серого неба падала какая-то странная белая субстанция.

Se sacudió, pero los copos blancos seguían cayendo sobre él.

Он встряхнулся, но белые хлопья продолжали падать на него.

Olió con cuidado la sustancia blanca y lamió algunos trocitos helados.

Он осторожно понюхал белую субстанцию и лизнул несколько ледяных кусочков.

El polvo ardió como fuego y luego desapareció de su lengua.

Порошок обжегся, как огонь, а затем тут же исчез с его языка.

Buck lo intentó de nuevo, desconcertado por la extraña frialdad que desaparecía.

Бак попробовал еще раз, озадаченный странным исчезновением холода.

Los hombres que lo rodeaban se rieron y Buck se sintió avergonzado.
Мужчины вокруг него рассмеялись, и Баку стало неловко.
No sabía por qué, pero le avergonzaba su reacción.
Он не знал почему, но ему было стыдно за свою реакцию.
Fue su primera experiencia con la nieve y le confundió.
Это был его первый опыт со снегом, и он его смутил.

La ley del garrote y el colmillo
Закон дубинки и клыка

El primer día de Buck en la playa de Dyea se sintió como una terrible pesadilla.
Первый день Бака на пляже Дайя показался ему ужасным кошмаром.

Cada hora traía nuevas sorpresas y cambios inesperados para Buck.
Каждый час приносил Бак новые потрясения и неожиданные перемены.

Lo habían sacado de la civilización y lo habían arrojado a un caos salvaje.
Его вырвали из цивилизации и бросили в дикий хаос.

Aquella no era una vida soleada y tranquila, llena de aburrimiento y descanso.
Это не была солнечная, ленивая жизнь со скукой и отдыхом.

No había paz, ni descanso, ni momento sin peligro.
Не было ни мира, ни покоя, ни минуты без опасности.

La confusión lo dominaba todo y el peligro siempre estaba cerca.
Всем царила неразбериха, и опасность всегда была рядом.

Buck tuvo que mantenerse alerta porque estos hombres y perros eran diferentes.
Баку приходилось быть начеку, потому что эти люди и собаки были другими.

No eran de pueblos; eran salvajes y sin piedad.
Они были не из городов; они были дикими и беспощадными.

Estos hombres y perros sólo conocían la ley del garrote y el colmillo.
Эти люди и собаки знали только закон дубинки и клыка.

Buck nunca había visto perros pelear como estos salvajes huskies.
Бак никогда не видел, чтобы собаки дерутся так, как эти свирепые хаски.

Su primera experiencia le enseñó una lección que nunca olvidaría.
Его первый опыт преподал ему урок, который он никогда не забудет.
Tuvo suerte de que no fuera él, o habría muerto también.
Ему повезло, что это был не он, иначе он тоже погиб бы.
Curly fue el que sufrió mientras Buck observaba y aprendía.
Кёрли страдал, а Бак наблюдал и учился.
Habían acampado cerca de una tienda construida con troncos.
Они разбили лагерь возле склада, построенного из бревен.
Curly intentó ser amigable con un husky grande, parecido a un lobo.
Кёрли пытался подружиться с большой, похожей на волка хаски.
El husky era más pequeño que Curly, pero parecía salvaje y malvado.
Хаски был меньше Кёрли, но выглядел диким и злым.
Sin previo aviso, saltó y le abrió el rostro.
Без предупреждения он подпрыгнул и рассек ей лицо.
Sus dientes la atravesaron desde el ojo hasta la mandíbula en un solo movimiento.
Одним движением его зубы пронзили ее от глаза до челюсти.
Así era como peleaban los lobos: golpeaban rápido y saltaban.
Так сражаются волки — быстро бьют и отскакивают.
Pero había mucho más que aprender de ese único ataque.
Но из этого одного нападения можно было извлечь больше уроков.
Decenas de huskies entraron corriendo y formaron un círculo silencioso.
Десятки хаски прибежали и молча образовали круг.
Observaron atentamente y se lamieron los labios con hambre.
Они внимательно наблюдали и облизывались от голода.
Buck no entendió su silencio ni sus miradas ansiosas.

Бак не понимал их молчания и их восторженных глаз.

Curly se apresuró a atacar al husky por segunda vez.

Кёрли бросился нападать на хаски во второй раз.

Él usó su pecho para derribarla con un movimiento fuerte.

Он использовал свою грудь, чтобы сбить ее с ног сильным ударом.

Ella cayó de lado y no pudo levantarse más.

Она упала на бок и не смогла подняться.

Eso era lo que los demás habían estado esperando todo el tiempo.

Именно этого все остальные ждали все это время.

Los perros esquimales saltaron sobre ella, aullando y gruñendo frenéticamente.

Хаски набросились на нее, визжа и рыча в ярости.

Ella gritó cuando la enterraron bajo una pila de perros.

Она кричала, когда ее похоронили под кучей собак.

El ataque fue tan rápido que Buck se quedó paralizado por la sorpresa.

Атака была настолько быстрой, что Бак застыл на месте от шока.

Vio a Spitz sacar la lengua de una manera que parecía una risa.

Он увидел, как Шпиц высунул язык, словно пытаясь рассмеяться.

François cogió un hacha y corrió directamente hacia el grupo de perros.

Франсуа схватил топор и побежал прямо в стаю собак.

Otros tres hombres usaron palos para ayudar a ahuyentar a los perros esquimales.

Еще трое мужчин использовали дубинки, чтобы отогнать хаски.

En sólo dos minutos, la pelea terminó y los perros desaparecieron.

Всего через две минуты драка закончилась, и собаки исчезли.

Curly yacía muerta en la nieve roja y pisoteada, con su cuerpo destrozado.

Кёрли лежала мертвая на красном, растоптанном снегу, ее тело было разорвано на части.

Un hombre de piel oscura estaba de pie sobre ella, maldiciendo la brutal escena.

Над ней стоял темнокожий мужчина, проклиная жестокую сцену.

El recuerdo permaneció con Buck y atormentó sus sueños por la noche.

Воспоминания остались с Баком и преследовали его по ночам.

Así era aquí: sin justicia, sin segundas oportunidades.

Так было и здесь: никакой справедливости, никакого второго шанса.

Una vez que un perro caía, los demás lo mataban sin piedad.

Как только собака падала, остальные убивали ее без пощады.

Buck decidió entonces que nunca se permitiría caer.

Тогда Бак решил, что никогда не позволит себе упасть.

Spitz volvió a sacar la lengua y se rió de la sangre.

Шпиц снова высунул язык и рассмеялся, глядя на кровь.

Desde ese momento, Buck odió a Spitz con todo su corazón.

С этого момента Бак возненавидел Шпица всем сердцем.

Antes de que Buck pudiera recuperarse de la muerte de Curly, sucedió algo nuevo.

Прежде чем Бак успел оправиться от смерти Кёрли, произошло нечто новое.

François se acercó y ató algo alrededor del cuerpo de Buck.

Франсуа подошел и что-то обвязал вокруг тела Бака.

Era un arnés como los que usaban los caballos en el rancho.

Это была упряжь, похожая на ту, что использовали на лошадях на ранчо.

Así como Buck había visto trabajar a los caballos, ahora él también estaba obligado a trabajar.

Поскольку Бак видел, как работают лошади, теперь его тоже заставляли работать.

Tuvo que arrastrar a François en un trineo hasta el bosque cercano.
Ему пришлось тащить Франсуа на санях в близлежащий лес.
Después tuvo que arrastrar una carga de leña pesada.
Затем ему пришлось тащить обратно тяжелую вязанку дров.
Buck era orgulloso, por eso le dolía que lo trataran como a un animal de trabajo.
Бак был гордым, поэтому ему было больно, когда с ним обращались как с рабочим скотом.
Pero él era sabio y no intentó luchar contra la nueva situación.
Но он поступил мудро и не стал бороться с новой ситуацией.
Aceptó su nueva vida y dio lo mejor de sí en cada tarea.
Он принял новую жизнь и выкладывался по полной в каждой задаче.
Todo en la obra le resultaba extraño y desconocido.
Все в этой работе было для него странным и незнакомым.
Francisco era estricto y exigía obediencia sin demora.
Франсуа был строг и требовал безотлагательного повиновения.
Su látigo garantizaba que cada orden fuera seguida al instante.
Его кнут следил за тем, чтобы каждая команда выполнялась немедленно.
Dave era el que conducía el trineo, el perro que estaba más cerca de él, detrás de Buck.
Дэйв был упряжным, собака сидела ближе всего к саням позади Бака.
Dave mordió a Buck en las patas traseras si cometía un error.
Дэйв кусал Бака за задние ноги, если тот совершал ошибку.
Spitz era el perro líder, hábil y experimentado en su función.
Шпиц был ведущей собакой, опытной и умелой в этой роли.

Spitz no pudo alcanzar a Buck fácilmente, pero aún así lo corrigió.
Шпицу было нелегко дотянуться до Бака, но он все равно поправил его.
Gruñó con dureza o tiró del trineo de maneras que le enseñaron a Buck.
Он резко рычал и тянул сани способами, которые научили Бэка.
Con este entrenamiento, Buck aprendió más rápido de lo que cualquiera de ellos esperaba.
Благодаря такому обучению Бак учился быстрее, чем кто-либо из них ожидал.
Trabajó duro y aprendió tanto de François como de los otros perros.
Он много работал и учился у Франсуа и других собак.
Cuando regresaron, Buck ya conocía los comandos clave.
К тому времени, как они вернулись, Бак уже знал основные команды.
Aprendió a detenerse al oír la palabra "ho" gracias a François.
Он научился останавливаться, услышав «хо» от Франсуа.
Aprendió cuando tenía que tirar del trineo y correr.
Он понял, когда нужно тянуть санки и бежать.
Aprendió a girar abiertamente en las curvas del camino sin problemas.
Он научился без труда делать широкие повороты на поворотах тропы.
También aprendió a evitar a Dave cuando el trineo descendía rápidamente.
Он также научился избегать Дэйва, когда сани быстро катились под гору.
"Son perros muy buenos", le dijo orgulloso François a Perrault.
«Они очень хорошие собаки», — с гордостью сказал Франсуа Перро.
"Ese Buck tira como un demonio. Le enseño rapidísimo".

«Этот Бак тянет как черт — я учу его быстро, как никто другой».

Más tarde ese día, Perrault regresó con dos perros husky más.
Позже в тот же день Перро вернулся еще с двумя хаски.
Se llamaban Billee y Joe y eran hermanos.
Их звали Билли и Джо, и они были братьями.
Venían de la misma madre, pero no se parecían en nada.
Они произошли от одной матери, но были совсем не похожи.
Billee era de carácter dulce y muy amigable con todos.
Билли был добродушным и слишком дружелюбным со всеми.
Joe era todo lo contrario: tranquilo, enojado y siempre gruñendo.
Джо был полной противоположностью — тихий, злой и вечно рычащий.
Buck los saludó de manera amigable y se mostró tranquilo con ambos.
Бак поприветствовал их дружелюбно и был с ними спокоен.
Dave no les prestó atención y permaneció en silencio como siempre.
Дэйв не обратил на них внимания и, как обычно, молчал.
Spitz atacó primero a Billee, luego a Joe, para demostrar su dominio.
Спиц атаковал сначала Билли, а затем Джо, чтобы показать свое превосходство.
Billee movió la cola y trató de ser amigable con Spitz.
Билли виляла хвостом и пыталась подружиться со Шпицем.
Cuando eso no funcionó, intentó huir.
Когда это не сработало, он попытался убежать.
Lloró tristemente cuando Spitz lo mordió fuerte en el costado.
Он грустно плакал, когда Шпиц сильно укусил его в бок.

Pero Joe era muy diferente y se negaba a dejarse intimidar.
Но Джо был совсем другим и не желал подвергаться издевательствам.
Cada vez que Spitz se acercaba, Joe giraba rápidamente para enfrentarlo.
Каждый раз, когда Шпиц приближался, Джо быстро поворачивался к нему лицом.
Su pelaje se erizó, sus labios se curvaron y sus dientes chasquearon salvajemente.
Его шерсть встала дыбом, губы скривились, а зубы дико щелкнул.
Los ojos de Joe brillaron de miedo y rabia, desafiando a Spitz a atacar.
Глаза Джо блестели от страха и ярости, призывая Шпица нанести удар.
Spitz abandonó la lucha y se alejó, humillado y enojado.
Шпиц сдался и отвернулся, униженный и разгневанный.
Descargó su frustración en el pobre Billee y lo ahuyentó.
Он выместил свое раздражение на бедном Билли и прогнал его.
Esa noche, Perrault añadió un perro más al equipo.
В тот же вечер Перро добавил к команде еще одну собаку.
Este perro era viejo, delgado y cubierto de cicatrices de batalla.
Эта собака была старой, худой и покрытой боевыми шрамами.
Le faltaba un ojo, pero el otro brillaba con poder.
Один его глаз отсутствовал, но другой светился силой.
El nombre del nuevo perro era Solleks, que significaba "el enojado".
Новую собаку назвали Соллекс, что означало «Злой».
Al igual que Dave, Solleks no pidió nada a los demás y no dio nada a cambio.
Как и Дэйв, Соллекс ничего не просил у других и ничего не давал взамен.
Cuando Solleks entró lentamente al campamento, incluso Spitz se mantuvo alejado.

Когда Соллекс медленно вошел в лагерь, даже Шпиц остался в стороне.

Tenía un hábito extraño que Buck tuvo la mala suerte de descubrir.

У него была странная привычка, которую Бак, к сожалению, удалось обнаружить.

A Solleks le disgustaba que se acercaran a él por el lado donde estaba ciego.

Соллекс ненавидел, когда к нему подходили с той стороны, где он был слеп.

Buck no sabía esto y cometió ese error por accidente.

Бак этого не знал и совершил эту ошибку случайно.

Solleks se dio la vuelta y cortó el hombro de Buck profunda y rápidamente.

Соллекс развернулся и нанес быстрый и глубокий удар по плечу Бака.

A partir de ese momento, Buck nunca se acercó al lado ciego de Solleks.

С этого момента Бак больше не подходил к Соллексу слишком близко.

Nunca volvieron a tener problemas durante el resto del tiempo que estuvieron juntos.

За все оставшееся время, что они провели вместе, у них больше не возникало никаких проблем.

Solleks sólo quería que lo dejaran solo, como el tranquilo Dave.

Соллекс хотел только, чтобы его оставили в покое, как тихого Дэйва.

Pero Buck se enteraría más tarde de que cada uno tenía otro objetivo secreto.

Но позже Бак узнал, что у каждого из них была еще одна тайная цель.

Esa noche, Buck se enfrentó a un nuevo y preocupante desafío: cómo dormir.

В ту ночь перед Бак встала новая и тревожная проблема — как уснуть.

La tienda brillaba cálidamente con la luz de las velas en el campo nevado.

Палатка ярко светилась от свечей на заснеженном поле.

Buck entró, pensando que podría descansar allí como antes.

Бак вошел внутрь, думая, что сможет отдохнуть там, как и прежде.

Pero Perrault y François le gritaron y le lanzaron sartenes.

Но Перро и Франсуа кричали на него и бросали кастрюли.

Sorprendido y confundido, Buck corrió hacia el frío helado.

Потрясенный и растерянный, Бак выбежал на леденящий холод.

Un viento amargo le azotó el hombro herido y le congeló las patas.

Резкий ветер обжигал его раненое плечо и обмораживал лапы.

Se tumbó en la nieve y trató de dormir al aire libre.

Он лег в снег и попытался заснуть на открытом воздухе.

Pero el frío pronto le obligó a levantarse de nuevo, temblando mucho.

Но холод вскоре заставил его снова встать, сильно дрожа.

Deambuló por el campamento intentando encontrar un lugar más cálido.

Он бродил по лагерю, пытаясь найти более теплое место.

Pero cada rincón estaba tan frío como el anterior.

Но каждый угол был таким же холодным, как и предыдущий.

A veces, perros salvajes saltaban sobre él desde la oscuridad.

Иногда из темноты на него нападали дикие собаки.

Buck erizó su pelaje, mostró los dientes y gruñó en señal de advertencia.

Бэк встал дыбом, оскалил зубы и предостерегающе зарычал.

Estaba aprendiendo rápido y los otros perros se alejaban rápidamente.

Он быстро учился, и другие собаки быстро отступили.

Aún así, no tenía dónde dormir ni idea de qué hacer.

Но у него все равно не было места для сна, и он понятия не имел, что делать.

Por fin se le ocurrió una idea: ver cómo estaban sus compañeros de equipo.

Наконец ему в голову пришла мысль — проверить своих товарищей по команде.

Regresó a su zona y se sorprendió al descubrir que habían desaparecido.

Он вернулся в их район и с удивлением обнаружил, что они исчезли.

Nuevamente buscó por todo el campamento, pero todavía no pudo encontrarlos.

Он снова обыскал лагерь, но так и не смог их найти.

Sabía que ellos no podían estar en la tienda, o él también lo estaría.

Он знал, что им нельзя находиться в палатке, иначе там окажется и он.

Entonces ¿a dónde se habían ido todos los perros en este campamento helado?

Так куда же делись все собаки в этом замерзшем лагере?

Buck, frío y miserable, caminó lentamente alrededor de la tienda.

Бак, замерзший и несчастный, медленно обошел палатку.

De repente, sus patas delanteras se hundieron en la nieve blanda y lo sobresaltó.

Внезапно его передние ноги погрузились в мягкий снег, и он вздрогнул.

Algo se movió bajo sus pies y saltó hacia atrás asustado.

Что-то шевельнулось у него под ногами, и он в страхе отскочил назад.

Gruñó y rugió sin saber qué había debajo de la nieve.

Он рычал и рычал, не зная, что находится под снегом.

Entonces oyó un ladrido amistoso que alivió su miedo.

Затем он услышал дружелюбный лай, который развеял его страх.

Olfateó el aire y se acercó para ver qué estaba oculto.

Он понюхал воздух и подошел поближе, чтобы разглядеть то, что спрятано.

Bajo la nieve, acurrucada en una bola cálida, estaba la pequeña Billee.

Под снегом, свернувшись в теплый клубок, лежала маленькая Билли.

Billee movió la cola y lamió la cara de Buck para saludarlo.

Билли вилял хвостом и лизнул лицо Бэка в знак приветствия.

Buck vio cómo Billee había hecho un lugar para dormir en la nieve.

Бак увидел, как Билли устроил себе спальное место в снегу.

Había cavado y usado su propio calor para mantenerse caliente.

Он выкопал яму и согрелся собственным теплом.

Buck había aprendido otra lección: así era como dormían los perros.

Бак усвоил еще один урок — именно так спят собаки.

Eligió un lugar y comenzó a cavar su propio hoyo en la nieve.

Он выбрал место и начал копать себе яму в снегу.

Al principio, se movía demasiado y desperdiciaba energía.

Поначалу он слишком много двигался и тратил энергию впустую.

Pero pronto su cuerpo calentó el espacio y se sintió seguro.

Но вскоре его тело согрело пространство, и он почувствовал себя в безопасности.

Se acurrucó fuertemente y al poco tiempo estaba profundamente dormido.

Он крепко свернулся калачиком и вскоре крепко заснул.

El día había sido largo y duro, y Buck estaba exhausto.

День был долгим и трудным, и Бак был измотан.

Durmió profundamente y cómodamente, aunque sus sueños fueron salvajes.

Он спал глубоко и спокойно, хотя его сны были дикими.

Gruñó y ladró mientras dormía, retorciéndose mientras soñaba.

Он рычал и лаял во сне, извиваясь во сне.

Buck no se despertó hasta que el campamento ya estaba cobrando vida.

Бак проснулся только тогда, когда лагерь уже начал оживать.

Al principio, no sabía dónde estaba ni qué había sucedido.

Сначала он не понял, где находится и что случилось.

Había nevado durante la noche y había enterrado completamente su cuerpo.

Ночью выпал снег и полностью покрыл его тело.

La nieve lo apretaba por todos lados.

Снег плотно облепил его со всех сторон.

De repente, una ola de miedo recorrió todo el cuerpo de Buck.

Внезапно волна страха охватила все тело Бака.

Era el miedo a quedar atrapado, un miedo que provenía de instintos profundos.

Это был страх оказаться в ловушке, страх, идущий от глубинных инстинктов.

Aunque nunca había visto una trampa, el miedo vivía dentro de él.

Хотя он никогда не видел ловушек, страх жил внутри него.

Era un perro domesticado, pero ahora sus viejos instintos salvajes estaban despertando.

Он был ручным псом, но теперь в нем пробудились старые дикие инстинкты.

Los músculos de Buck se tensaron y se le erizó el pelaje por toda la espalda.

Мышцы Бака напряглись, а шерсть на спине встала дыбом.

Gruñó ferozmente y saltó hacia arriba a través de la nieve.

Он яростно зарычал и прыгнул прямо сквозь снег.

La nieve voló en todas direcciones cuando estalló la luz del día.

Когда он вырвался на свет, снег разлетелся во все стороны.

Incluso antes de aterrizar, Buck vio el campamento extendido ante él.

Еще до высадки Бак увидел раскинувшийся перед ним лагерь.

Recordó todo del día anterior, de repente.

Он сразу вспомнил все, что произошло вчера.

Recordó pasear con Manuel y terminar en ese lugar.

Он вспомнил, как прогуливался с Мануэлем и оказался в этом месте.

Recordó haber cavado el hoyo y haberse quedado dormido en el frío.

Он вспомнил, как копал яму и уснул на холоде.

Ahora estaba despierto y el mundo salvaje que lo rodeaba estaba claro.

Теперь он проснулся, и дикий мир вокруг него был ясен.

Un grito de François saludó la repentina aparición de Buck.

Франсуа криком приветствовал внезапное появление Бака.

—¿Qué te dije? —gritó en voz alta el conductor del perro a Perrault.

«Что я сказал?» — громко крикнул погонщик Перро.

"Ese Buck sin duda aprende muy rápido", añadió François.

«Этот Бак, безусловно, быстро учится», — добавил Франсуа.

Perrault asintió gravemente, claramente satisfecho con el resultado.

Перро серьезно кивнул, явно довольный результатом.

Como mensajero del gobierno canadiense, transportaba despachos.

Будучи курьером канадского правительства, он доставлял депеши.

Estaba ansioso por encontrar los mejores perros para su importante misión.

Он стремился найти лучших собак для своей важной миссии.

Se sintió especialmente complacido ahora que Buck era parte del equipo.

Теперь он был особенно рад, что Бак стал частью команды.

Se agregaron tres huskies más al equipo en una hora.
В течение часа к команде присоединились еще три хаски.
Eso elevó el número total de perros en el equipo a nueve.
Таким образом, общее число собак в команде достигло девяти.
En quince minutos todos los perros estaban en sus arneses.
Через пятнадцать минут все собаки были в шлейках.
El equipo de trineos avanzaba por el sendero hacia Dyea Cañón.
Упряжка саней двигалась по тропе к каньону Дайя.
Buck se sintió contento de partir, incluso si el trabajo que tenía por delante era duro.
Бак был рад уезжать, даже если работа предстояла трудная.
Descubrió que no despreciaba especialmente el trabajo ni el frío.
Он обнаружил, что не испытывает особого отвращения ни к труду, ни к холоду.
Le sorprendió el entusiasmo que llenaba a todo el equipo.
Он был удивлен энтузиазмом, охватившим всю команду.
Aún más sorprendente fue el cambio que se produjo en Dave y Solleks.
Еще более удивительной была перемена, произошедшая с Дэйвом и Соллексом.
Estos dos perros eran completamente diferentes cuando estaban enjaezados.
Эти две собаки были совершенно разными, когда их запрягали.
Su pasividad y falta de preocupación habían desaparecido por completo.
Их пассивность и безразличие полностью исчезли.
Estaban alertas y activos, y ansiosos por hacer bien su trabajo.
Они были бдительны и активны и стремились хорошо выполнять свою работу.
Se irritaban ferozmente ante cualquier cosa que causara retraso o confusión.

Их сильно раздражало все, что вызывало задержку или путаницу.

El duro trabajo en las riendas era el centro de todo su ser.

Тяжелая работа с вожжами была смыслом всего их существования.

Tirar del trineo parecía ser lo único que realmente disfrutaban.

Похоже, единственным занятием, которое им по-настоящему нравилось, было катание на санях.

Dave estaba en la parte de atrás del grupo, más cerca del trineo.

Дэйв шел в конце группы, ближе всего к саням.

Buck fue colocado delante de Dave, y Solleks se adelantó a Buck.

Бака поставили перед Дэйвом, а Соллекс вырвался вперед Бака.

El resto de los perros estaban dispersos adelante, en una sola fila.

Остальные собаки выстроились впереди в одну шеренгу.

La posición de cabeza en la parte delantera quedó ocupada por Spitz.

Лидирующую позицию впереди занял Шпиц.

Buck había sido colocado entre Dave y Solleks para recibir instrucción.

Бака поместили между Дэйвом и Соллексом для обучения.

Él aprendía rápido y sus profesores eran firmes y capaces.

Он быстро учился, а учителя были строгими и способными.

Nunca permitieron que Buck permaneciera en el error por mucho tiempo.

Они никогда не позволяли Бак долго пребывать в заблуждении.

Enseñaron sus lecciones con dientes afilados cuando era necesario.

При необходимости они преподавали уроки, используя острые зубы.

Dave era justo y mostraba un tipo de sabiduría tranquila y seria.
Дэйв был справедлив и демонстрировал спокойную, серьезную мудрость.
Él nunca mordió a Buck sin una buena razón para hacerlo.
Он никогда не кусал Бэка без веской причины.
Pero nunca dejó de morder cuando Buck necesitaba corrección.
Но он никогда не упускал случая укусить Бак, когда тот нуждался в поправке.
El látigo de Francisco estaba siempre listo y respaldaba su autoridad.
Кнут Франсуа всегда был наготове и подкреплял их авторитет.
Buck pronto descubrió que era mejor obedecer que defenderse.
Бак вскоре понял, что лучше подчиниться, чем сопротивляться.
Una vez, durante un breve descanso, Buck se enredó en las riendas.
Однажды во время короткого отдыха Бак запутался в поводьях.
Retrasó el inicio y confundió los movimientos del equipo.
Он задержал старт и запутал движение команды.
Dave y Solleks se abalanzaron sobre él y le dieron una paliza brutal.
Дэйв и Соллекс набросились на него и жестоко избили.
El enredo sólo empeoró, pero Buck aprendió bien la lección.
Ситуация только ухудшилась, но Бак хорошо усвоил урок.
A partir de entonces, mantuvo las riendas tensas y trabajó con cuidado.
С тех пор он держал вожжи натянутыми и работал осторожно.
Antes de que terminara el día, Buck había dominado gran parte de su tarea.
До конца дня Бак справился со большей частью своей задачи.

Sus compañeros casi dejaron de corregirlo y morderlo.
Его товарищи по команде почти перестали поправлять или кусать его.
El látigo de François resonaba cada vez con menos frecuencia en el aire.
Кнут Франсуа все реже и реже рассекал воздух.
Perrault incluso levantó los pies de Buck y examinó cuidadosamente cada pata.
Перро даже поднял ноги Бака и внимательно осмотрел каждую лапу.
Había sido un día de carrera duro, largo y agotador para todos ellos.
Это был тяжелый дневной забег, долгий и изнурительный для всех.
Viajaron por el Cañón, atravesando Sheep Camp y pasando por Scales.
Они прошли вверх по Каньону, через Овечий лагерь и мимо Скейлса.
Cruzaron la línea de árboles, luego glaciares y bancos de nieve de muchos metros de profundidad.
Они пересекли границу леса, затем ледники и сугробы глубиной во много футов.
Escalaron la gran, fría y prohibitiva divisoria de Chilkoot.
Они поднялись на великий холодный и неприступный перевал Чилкут.
Esa alta cresta se encontraba entre el agua salada y el interior helado.
Этот высокий хребет находился между соленой водой и замерзшей внутренней частью.
Las montañas custodiaban con hielo y empinadas subidas el triste y solitario Norte.
Горы охраняли печальный и одинокий Север льдами и крутыми подъемами.
Avanzaron a buen ritmo por una larga cadena de lagos debajo de la divisoria.
Они успешно прошли по длинной цепи озер ниже водораздела.

Esos lagos llenaban los antiguos cráteres de volcanes extintos.
Эти озера заполнили древние кратеры потухших вулканов.
Tarde esa noche, llegaron a un gran campamento en el lago Bennett.
Поздно ночью они достигли большого лагеря на озере Беннетт.
Miles de buscadores de oro estaban allí, construyendo barcos para la primavera.
Там были тысячи золотоискателей, которые строили лодки к весне.
El hielo se rompería pronto y tenían que estar preparados.
Лед скоро должен был тронуться, и им нужно было быть готовыми.
Buck cavó su hoyo en la nieve y cayó en un sueño profundo.
Бэк вырыл себе яму в снегу и крепко заснул.
Durmió como un trabajador, exhausto por la dura jornada de trabajo.
Он спал, как рабочий, изнуренный тяжелым трудовым днем.
Pero demasiado pronto, en la oscuridad, fue sacado del sueño.
Но слишком рано в темноте его вытащили из сна.
Fue enganchado nuevamente con sus compañeros y sujeto al trineo.
Его снова запрягли вместе с товарищами и прикрепили к саням.
Aquel día hicieron cuarenta millas, porque la nieve estaba muy pisoteada.
В тот день они прошли сорок миль, так как снег был хорошо утоптан.
Al día siguiente, y durante muchos días más, la nieve estaba blanda.
На следующий день и в течение многих последующих дней снег был мягким.

Tuvieron que hacer el camino ellos mismos, trabajando más duro y moviéndose más lento.
Им пришлось прокладывать путь самим, работая усерднее и двигаясь медленнее.
Por lo general, Perrault caminaba delante del equipo con raquetas de nieve palmeadas.
Обычно Перро шел впереди команды в перепончатых снегоступах.
Sus pasos compactaron la nieve, facilitando el movimiento del trineo.
Его шаги утрамбовали снег, и саням стало легче двигаться.
François, que dirigía el barco desde la dirección, a veces tomaba el relevo.
Франсуа, управлявший рулем с помощью рулевой колонки, иногда брал управление на себя.
Pero era raro que François tomara la iniciativa.
Но Франсуа редко брал на себя инициативу.
porque Perrault tenía prisa por entregar las cartas y los paquetes.
потому что Перро торопился доставить письма и посылки.
Perrault estaba orgulloso de su conocimiento de la nieve, y especialmente del hielo.
Перро гордился своими знаниями о снеге и особенно о льде.
Ese conocimiento era esencial porque el hielo en otoño era peligrosamente delgado.
Эти знания были необходимы, поскольку осенний лед был опасно тонким.
Allí donde el agua fluía rápidamente bajo la superficie, no había hielo en absoluto.
Там, где вода текла быстро под поверхностью, льда не было вообще.

Día tras día, la misma rutina se repetía sin fin.
День за днем одна и та же рутина повторялась без конца.

Buck trabajó incansablemente en las riendas desde el amanecer hasta la noche.

Бэк неустанно трудился вожжами с рассвета до ночи.

Abandonaron el campamento en la oscuridad, mucho antes de que saliera el sol.

Они покинули лагерь в темноте, задолго до восхода солнца.

Cuando amaneció, ya habían recorrido muchos kilómetros.

К тому времени, как наступил рассвет, они уже прошли много миль.

Acamparon después del anochecer, comieron pescado y excavaron en la nieve.

Они разбили лагерь после наступления темноты, питались рыбой и зарывались в снег.

Buck siempre tenía hambre y nunca estaba realmente satisfecho con su ración.

Бак всегда был голоден и никогда не был по-настоящему удовлетворен своим пайком.

Recibía una libra y media de salmón seco cada día.

Каждый день он получал полтора фунта сушеного лосося.

Pero la comida parecía desaparecer dentro de él, dejando atrás el hambre.

Но еда словно исчезла внутри него, оставив голод.

Sufría constantes dolores de hambre y soñaba con más comida.

Он страдал от постоянных мук голода и мечтал о большем количестве еды.

Los otros perros sólo ganaron una libra, pero se mantuvieron fuertes.

Остальные собаки получили всего один фунт еды, но они остались сильными.

Eran más pequeños y habían nacido en la vida del norte.

Они были меньше ростом и родились в северных условиях.

Perdió rápidamente la meticulosidad que había caracterizado su antigua vida.

Он быстро утратил привередливость, которая была свойственна его прежней жизни.
Había sido un comensal delicado, pero ahora eso ya no era posible.
Раньше он был привередливым едоком, но теперь это стало невозможно.
Sus compañeros terminaron primero y le robaron su ración sobrante.
Его товарищи закончили первыми и отобрали у него недоеденный паек.
Una vez que empezaron, no había forma de defender su comida de ellos.
Как только они появились, защитить от них еду стало невозможно.
Mientras él luchaba contra dos o tres perros, los otros le robaron el resto.
Пока он отбивался от двух-трех собак, остальные украли остальных.
Para solucionar esto, comenzó a comer tan rápido como los demás.
Чтобы исправить это, он начал есть так же быстро, как и остальные.
El hambre lo empujó tan fuerte que incluso tomó comida que no era suya.
Голод довел его до того, что он даже принял чужую пищу.
Observó a los demás y aprendió rápidamente de sus acciones.
Он наблюдал за другими и быстро учился на их действиях.
Vio a Pike, un perro nuevo, robarle una rebanada de tocino a Perrault.
Он увидел, как Пайк, новая собака, украла у Перро кусок бекона.
Pike había esperado hasta que Perrault se dio la espalda para robarle el tocino.
Пайк дождался, пока Перро отвернется, чтобы украсть бекон.
Al día siguiente, Buck copió a Pike y robó todo el trozo.

На следующий день Бак скопировал Пайка и украл весь кусок.

Se produjo un gran alboroto, pero no se sospechó de Buck.

Поднялся большой шум, но Бака никто не заподозрил.

Dub, un perro torpe que siempre era atrapado, fue castigado.

Вместо этого наказали Даба, неуклюжего пса, которого всегда ловили.

Ese primer robo marcó a Buck como un perro apto para sobrevivir en el Norte.

Эта первая кража показала, что Бак — собака, способная выжить на Севере.

Demostró que podía adaptarse a nuevas condiciones y aprender rápidamente.

Он показал, что может адаптироваться к новым условиям и быстро учиться.

Sin esa adaptabilidad, habría muerto rápida y gravemente.

Без такой способности к адаптации он бы быстро и мучительно умер.

También marcó el colapso de su naturaleza moral y de sus valores pasados.

Это также означало крах его моральных устоев и прошлых ценностей.

En el Sur, había vivido bajo la ley del amor y la bondad.

На Юге он жил по законам любви и доброты.

Allí tenía sentido respetar la propiedad y los sentimientos de los otros perros.

В этом случае имело смысл уважать собственность и чувства других собак.

Pero en el Norte se aplicaba la ley del garrote y la ley del colmillo.

Но Северяне следовали закону дубинки и закону клыка.

Quienquiera que respetara los viejos valores aquí sería un tonto y fracasaría.

Тот, кто здесь уважал старые ценности, был глупцом и потерпит неудачу.

Buck no razonó todo esto en su mente.

Бак не обдумывал все это в уме.

Estaba en forma y se adaptó sin necesidad de pensar.

Он был в форме, поэтому приспособился, не задумываясь.

Durante toda su vida, nunca había huido de una pelea.

За всю свою жизнь он ни разу не уклонился от драки.

Pero el garrote de madera del hombre del suéter rojo cambió esa regla.

Но деревянная дубинка человека в красном свитере изменила это правило.

Ahora seguía un código más profundo y antiguo escrito en su ser.

Теперь он следовал более глубокому, древнему коду, заложенному в его существе.

No robó por placer sino por el dolor del hambre.

Он воровал не из удовольствия, а из-за муки голода.

Él nunca robaba abiertamente, sino que hurtaba con astucia y cuidado.

Он никогда не грабил открыто, но воровал хитро и осторожно.

Actuó por respeto al garrote de madera y por miedo al colmillo.

Он действовал из уважения к деревянной дубинке и страха перед клыками.

En resumen, hizo lo que era más fácil y seguro que no hacerlo.

Короче говоря, он сделал то, что было проще и безопаснее, чем не сделать.

Su desarrollo —o quizás su regreso a los viejos instintos— fue rápido.

Его развитие — или, может быть, возвращение к старым инстинктам — было быстрым.

Sus músculos se endurecieron hasta sentirse tan fuertes como el hierro.

Его мышцы окрепли и стали крепче железа.

Ya no le importaba el dolor, a menos que fuera grave.

Его больше не волновала боль, если только она не была серьезной.

Se volvió eficiente por dentro y por fuera, sin desperdiciar nada.
Он стал эффективным как внешне, так и внутренне, не теряя ничего впустую.
Podía comer cosas viles, podridas o difíciles de digerir.
Он мог есть отвратительную, гнилую или трудноперевариваемую пищу.
Todo lo que comía, su estómago aprovechaba hasta el último vestigio de valor.
Что бы он ни ел, его желудок использовал все до последней капли.
Su sangre transportaba los nutrientes a través de su poderoso cuerpo.
Его кровь разносила питательные вещества по всему его сильному телу.
Esto creó tejidos fuertes que le dieron una resistencia increíble.
Это позволило сформировать крепкие ткани, которые дали ему невероятную выносливость.
Su vista y su olfato se volvieron mucho más sensibles que antes.
Его зрение и обоняние стали гораздо более чувствительными, чем раньше.
Su audición se agudizó tanto que podía detectar sonidos débiles durante el sueño.
Его слух стал настолько острым, что он мог улавливать слабые звуки во сне.
Sabía en sueños si los sonidos significaban seguridad o peligro.
Во сне он знал, означают ли эти звуки безопасность или опасность.
Aprendió a morder el hielo entre los dedos de los pies con los dientes.
Он научился кусать лед между пальцами ног зубами.
Si un charco de agua se congelaba, rompía el hielo con las piernas.
Если водоем замерзал, он разбивал лед ногами.

Se encabritó y golpeó con fuerza el hielo con sus rígidas patas delanteras.
Он встал на дыбы и сильно ударил по льду напряженными передними конечностями.
Su habilidad más sorprendente era predecir los cambios del viento durante la noche.
Его самой поразительной способностью было предсказание изменений ветра за одну ночь.
Incluso cuando el aire estaba quieto, elegía lugares protegidos del viento.
Даже когда воздух был неподвижен, он выбирал места, защищенные от ветра.
Dondequiera que cavaba su nido, el viento del día siguiente lo pasaba de largo.
Где бы он ни рыл свое гнездо, ветер следующего дня обходил его стороной.
Siempre acababa abrigado y protegido, a sotavento de la brisa.
Он всегда оказывался в уютном и защищенном месте, с подветренной стороны от ветра.
Buck no sólo aprendió con la experiencia: sus instintos también regresaron.
Бак не только извлек уроки из опыта, к нему вернулись и инстинкты.
Los hábitos de las generaciones domesticadas comenzaron a desaparecer.
Привычки одомашненных поколений начали исчезать.
De manera vaga, recordaba los tiempos antiguos de su raza.
Он смутно помнил древние времена своей расы.
Recordó cuando los perros salvajes corrían en manadas por los bosques.
Он вспомнил времена, когда дикие собаки стаями бегали по лесам.
Habían perseguido y matado a su presa mientras la perseguían.
Они преследовали свою добычу и убивали ее, преследуя ее.

Para Buck fue fácil aprender a pelear con dientes y velocidad.
Бэку было легко научиться драться зубами и скоростью.
Utilizaba cortes, tajos y chasquidos rápidos igual que sus antepasados.
Он использовал удары, режущие движения и быстрые щелчки, как и его предки.
Aquellos antepasados se agitaron dentro de él y despertaron su naturaleza salvaje.
Эти предки пробудили в нем дикую природу.
Sus antiguas habilidades habían pasado a él a través de la línea de sangre.
Их старые навыки передались ему по крови.
Sus trucos ahora eran suyos, sin necesidad de práctica ni esfuerzo.
Теперь их трюки принадлежали ему, и для этого не требовалось никакой практики или усилий.

En las noches frías y quietas, Buck levantaba la nariz y aullaba.
В тихие, холодные ночи Бак поднимал нос и выл.
Aulló largo y profundamente, como lo hacían los lobos antaño.
Он выл долго и басисто, как это делали волки много лет назад.
A través de él, sus antepasados muertos apuntaron sus narices y aullaron.
Через него его мертвые предки высовывали свои носы и выли.
Aullaron a través de los siglos con su voz y su forma.
Они выли сквозь века его голосом и формой.
Sus cadencias eran las de ellos, viejos gritos que hablaban de dolor y frío.
Его интонации были их собственными, это были старые крики, повествующие о горе и холоде.
Cantaron sobre la oscuridad, el hambre y el significado del invierno.

Они пели о тьме, голоде и значении зимы.
Buck demostró cómo la vida está determinada por fuerzas ajenas a uno mismo.
Бак доказал, что жизнь формируется силами, находящимися вне нас,
La antigua canción se elevó a través de Buck y se apoderó de su alma.
древняя песня пронзила Бэка и завладела его душой.
Se encontró a sí mismo porque los hombres habían encontrado oro en el Norte.
Он нашел себя, потому что люди нашли золото на Севере.
Y se encontró porque Manuel, el ayudante del jardinero, necesitaba dinero.
И он нашел себя, потому что Мануэлю, помощнику садовника, нужны были деньги.

La Bestia Primordial Dominante
Господствующий Первобытный Зверь

La bestia primordial dominante era tan fuerte como siempre en Buck.
Доминирующий первобытный зверь был силен как никогда прежде в Баке.

Pero la bestia primordial dominante yacía latente en él.
Но доминирующий первобытный зверь дремал в нем.

La vida en el camino era dura, pero fortalecía a la bestia que Buck llevaba dentro.
Жизнь на тропе была суровой, но она закалила зверя внутри Бака.

En secreto, la bestia se hacía cada día más fuerte.
Втайне зверь с каждым днем становился все сильнее и сильнее.

Pero ese crecimiento interior permaneció oculto para el mundo exterior.
Но этот внутренний рост оставался скрытым от внешнего мира.

Una fuerza primordial, tranquila y calmada se estaba construyendo dentro de Buck.
Внутри Бака нарастала тихая и спокойная первобытная сила.

Una nueva astucia le proporcionó a Buck equilibrio, calma, control y aplomo.
Новая хитрость дала Бак равновесие, спокойный контроль и уравновешенность.

Buck se concentró mucho en adaptarse, sin sentirse nunca totalmente relajado.
Бак сосредоточился на адаптации, никогда не чувствуя себя полностью расслабленным.

Él evitaba los conflictos, nunca iniciaba peleas ni buscaba problemas.
Он избегал конфликтов, никогда не начинал драк и не искал неприятностей.

Una reflexión lenta y constante moldeó cada movimiento de Buck.
Медленная, размеренная задумчивость определяла каждое движение Бака.

Evitó las elecciones precipitadas y las decisiones repentinas e imprudentes.
Он избегал необдуманных решений и внезапных, безрассудных поступков.

Aunque Buck odiaba profundamente a Spitz, no le mostró ninguna agresión.
Хотя Бак люто ненавидел Шпица, он не проявлял к нему агрессии.

Buck nunca provocó a Spitz y mantuvo sus acciones moderadas.
Бак никогда не провоцировал Шпица и вел себя сдержанно.

Spitz, por otro lado, percibió el creciente peligro en Buck.
С другой стороны, Шпиц чувствовал растущую опасность в Баке.

Él veía a Buck como una amenaza y un serio desafío a su poder.
Он видел в Баке угрозу и серьезный вызов своей власти.

Aprovechó cada oportunidad para gruñir y mostrar sus afilados dientes.
Он использовал любую возможность, чтобы зарычать и показать свои острые зубы.

Estaba tratando de iniciar la pelea mortal que estaba por venir.
Он пытался начать смертельную схватку, которая должна была произойти.

Al principio del viaje casi se desató una pelea entre ellos.
В начале поездки между ними едва не вспыхнула драка.

Pero un accidente inesperado detuvo la pelea.
Однако неожиданный инцидент помешал проведению боя.

Esa tarde acamparon en el gélido lago Le Barge.

Вечером они разбили лагерь на очень холодном озере Ле-Барж.
La nieve caía con fuerza y el viento cortaba como un cuchillo.
Шел сильный снег, а ветер резал как нож.
La noche había llegado demasiado rápido y la oscuridad los rodeaba.
Ночь наступила слишком быстро, и их окружила тьма.
Difícilmente podrían haber elegido un peor lugar para descansar.
Худшего места для отдыха они вряд ли могли выбрать.
Los perros buscaban desesperadamente un lugar donde tumbarse.
Собаки отчаянно искали место, где можно было бы лечь.
Detrás del pequeño grupo se alzaba una alta pared de roca.
Позади небольшой группы круто возвышалась высокая каменная стена.
La tienda de campaña había sido abandonada en Dyea para aligerar la carga.
Палатку оставили в Дайе, чтобы облегчить груз.
No les quedó más remedio que hacer el fuego sobre el propio hielo.
У них не было выбора, кроме как развести огонь прямо на льду.
Extendieron sus batas para dormir directamente sobre el lago helado.
Они расстелили свои спальные халаты прямо на замерзшем озере.
Unos cuantos palitos de madera flotante les dieron un poco de fuego.
Несколько палочек из плавника дали им немного огня.
Pero el fuego se construyó sobre el hielo y se descongeló a través de él.
Но огонь разгорелся на льду и растопил его.
Al final, estaban comiendo su cena en la oscuridad.
В конце концов они ужинали в темноте.
Buck se acurrucó junto a la roca, protegido del viento frío.

Бэк свернулся калачиком возле скалы, укрывшись от холодного ветра.
El lugar era tan cálido y seguro que Buck odiaba mudarse.
Место было таким теплым и безопасным, что Бак не хотелось уезжать.
Pero François había calentado el pescado y estaba repartiendo raciones.
Но Франсуа разогрел рыбу и раздавал пайки.
Buck terminó de comer rápidamente y regresó a su cama.
Бак быстро закончил есть и вернулся в постель.
Pero Spitz ahora estaba acostado donde Buck había hecho su cama.
Но Шпиц теперь лежал там, где Бак устроил себе постель.
Un gruñido bajo advirtió a Buck que Spitz se negaba a moverse.
Низкий рык предупредил Бака, что Шпиц отказывается двигаться.
Hasta ahora, Buck había evitado esta pelea con Spitz.
До сих пор Бак избегал боя со Шпицем.
Pero en lo más profundo de Buck la bestia finalmente se liberó.
Но глубоко внутри Бака зверь наконец вырвался на свободу.
El robo de su lugar para dormir era algo demasiado difícil de tolerar.
Кража его спального места оказалась невыносимой.
Buck se lanzó hacia Spitz, lleno de ira y rabia.
Бак бросился на Шпица, полный гнева и ярости.
Hasta ahora Spitz había pensado que Buck era sólo un perro grande.
До этого Шпиц считал Бака просто большой собакой.
No creía que Buck hubiera sobrevivido a través de su espíritu.
Он не думал, что Бак выжил благодаря своему духу.
Esperaba miedo y cobardía, no furia y venganza.
Он ожидал страха и трусости, а не ярости и мести.

François se quedó mirando mientras los dos perros salían del nido en ruinas.

Франсуа наблюдал, как обе собаки выскочили из разрушенного гнезда.

Comprendió de inmediato lo que había iniciado la salvaje lucha.

Он сразу понял, что послужило причиной этой яростной борьбы.

—¡Ah! —gritó François en apoyo del perro marrón.

«Аа-а!» — закричал Франсуа, поддерживая коричневую собаку.

¡Dale una paliza! ¡Por Dios, castiga a ese ladrón astuto!

"Дай ему пинка! Богом клянусь, накажи этого подлого вора!"

Spitz mostró la misma disposición y un entusiasmo salvaje por luchar.

Шпиц проявил такую же готовность и дикое рвение к борьбе.

Gritó de rabia mientras giraba rápidamente en busca de una abertura.

Он закричал от ярости, быстро кружа в поисках выхода.

Buck mostró el mismo hambre de luchar y la misma cautela.

Бак проявил ту же жажду борьбы и ту же осторожность.

También rodeó a su oponente, intentando obtener la ventaja en la batalla.

Он также кружил вокруг своего противника, пытаясь одержать верх в бою.

Entonces sucedió algo inesperado y lo cambió todo.

Затем произошло нечто неожиданное и все изменило.

Ese momento retrasó la eventual lucha por el liderazgo.

Этот момент отсрочил окончательную борьбу за лидерство.

Muchos kilómetros de camino y lucha aún nos esperaban antes del final.

До конца их ждало еще много миль пути и борьбы.

Perrault gritó un juramento cuando un garrote impactó contra el hueso.

Перро выкрикнул ругательство, когда дубинка ударила по кости.
Se escuchó un agudo grito de dolor y luego el caos explotó por todas partes.
Раздался резкий вопль боли, а затем вокруг воцарился хаос.
En el campamento se movían figuras oscuras: perros esquimales salvajes, hambrientos y feroces.
По лагерю двигались темные тени: дикие лайки, голодные и свирепые.
Cuatro o cinco docenas de perros esquimales habían olfateado el campamento desde lejos.
Четыре или пять десятков лаек издалека почуяли лагерь.
Se habían colado sigilosamente mientras los dos perros peleaban cerca.
Они тихо пробрались внутрь, пока две собаки дрались неподалёку.
François y Perrault atacaron con garrotes a los invasores.
Франсуа и Перро бросились в атаку, размахивая дубинками в сторону захватчиков.
Los perros esquimales hambrientos mostraron los dientes y contraatacaron frenéticamente.
Голодные хаски оскалили зубы и яростно отбивались.
El olor a carne y a pan les había hecho perder todo miedo.
Запах мяса и хлеба заставил их забыть о страхе.
Perrault golpeó a un perro que había enterrado su cabeza en el cajón de comida.
Перро избил собаку, которая зарылась головой в ящик со съестными припасами.
El golpe fue muy fuerte y la caja se volcó, derramándose comida.
Удар был сильным, коробка перевернулась, и еда высыпалась.
En cuestión de segundos, una veintena de bestias salvajes destrozaron el pan y la carne.
За считанные секунды десятки диких зверей набросились на хлеб и мясо.

Los garrotes de los hombres asestaron golpe tras golpe, pero ningún perro se apartó.
Мужские дубинки наносили удар за ударом, но ни одна собака не отвернулась.
Aullaron de dolor, pero lucharon hasta que no quedó comida.
Они выли от боли, но сражались до тех пор, пока не осталась еда.
Mientras tanto, los perros de trineo habían saltado de sus camas nevadas.
Тем временем ездовые собаки выпрыгнули из своих снежных постелей.
Fueron atacados instantáneamente por los feroces y hambrientos huskies.
На них тут же напали свирепые голодные хаски.
Buck nunca había visto criaturas tan salvajes y hambrientas antes.
Бак никогда раньше не видел таких диких и голодных существ.
Su piel colgaba suelta, ocultando apenas sus esqueletos.
Кожа у них свисала свободно, едва скрывая скелеты.
Había un fuego en sus ojos, de hambre y locura.
В их глазах горел огонь от голода и безумия.
No había manera de detenerlos, de resistirse a su ataque salvaje.
Их невозможно было остановить, невозможно было противостоять их дикому натиску.
Los perros de trineo fueron empujados hacia atrás y presionados contra la pared del acantilado.
Собачьи упряжки были отброшены назад и прижаты к скале.
Tres perros esquimales atacaron a Buck a la vez, desgarrando su carne.
Три лайки одновременно напали на Бэка, разрывая его плоть.
La sangre le brotaba de la cabeza y de los hombros, donde había recibido el corte.

Кровь текла из его головы и плеч, где он был порезан.
El ruido llenó el campamento: gruñidos, aullidos y gritos de dolor.
Шум наполнил лагерь: рычание, визги и крики боли.
Billee gritó fuerte, como siempre, atrapada en la pelea y el pánico.
Билли, как обычно, громко закричал, охваченный дракой и паникой.
Dave y Solleks estaban uno al lado del otro, sangrando pero desafiantes.
Дэйв и Соллекс стояли бок о бок, истекая кровью, но сохраняя непокорность.
Joe peleó como un demonio, mordiendo todo lo que se acercaba.
Джо сражался как демон, кусая все, что приближалось.
Aplastó la pata de un husky con un brutal chasquido de sus mandíbulas.
Одним резким движением челюстей он раздавил ногу хаски.
Pike saltó sobre el husky herido y le rompió el cuello instantáneamente.
Пайк прыгнул на раненую лайку и мгновенно сломал ей шею.
Buck agarró a un husky por el cuello y le arrancó la vena.
Бэк схватил лайку за горло и перерезал ей вену.
La sangre salpicó y el sabor cálido llevó a Buck al frenesí.
Брызнула кровь, и ее теплый вкус привел Бака в ярость.
Se abalanzó sobre otro atacante sin dudarlo.
Он без колебаний бросился на другого нападавшего.
En ese mismo momento, unos dientes afilados se clavaron en la garganta de Buck.
В тот же момент острые зубы впились в горло Бака.
Spitz había atacado desde un costado, sin previo aviso.
Шпиц нанес удар сбоку, атаковав без предупреждения.
Perrault y François habían derrotado a los perros robando la comida.
Перро и Франсуа победили собак, воровавших еду.

Ahora se apresuraron a ayudar a sus perros a luchar contra los atacantes.

Теперь они бросились помогать своим собакам отбиваться от нападавших.

Los perros hambrientos se retiraron mientras los hombres blandían sus garrotes.

Голодные собаки отступили, когда мужчины замахнулись дубинками.

Buck se liberó del ataque, pero el escape fue breve.

Бак вырвался из-под атаки, но побег был недолгим.

Los hombres corrieron a salvar a sus perros, y los huskies volvieron a atacarlos.

Мужчины побежали спасать своих собак, и лайки снова набросились.

Billee, aterrorizado y valiente, saltó hacia la jauría de perros.

Билли, набравшись храбрости и испугавшись, прыгнул в стаю собак.

Pero luego huyó a través del hielo, presa del terror y el pánico.

Но затем он побежал по льду, охваченный ужасом и паникой.

Pike y Dub los siguieron de cerca, corriendo para salvar sus vidas.

Пайк и Даб последовали за ними, спасая свои жизни.

El resto del equipo se separó y se dispersó, siguiéndolos.

Остальная часть команды разбежалась и последовала за ними.

Buck reunió sus fuerzas para correr, pero entonces vio un destello.

Бак собрался с силами, чтобы бежать, но тут увидел вспышку.

Spitz se abalanzó sobre el costado de Buck, intentando derribarlo al suelo.

Шпиц бросился на Бака, пытаясь повалить его на землю.

Bajo esa turba de perros esquimales, Buck no habría tenido escapatoria.

Под толпой хаски Бак было не скрыться.

Pero Buck se mantuvo firme y se preparó para el golpe de Spitz.
Но Бак держался стойко и приготовился к удару Шпица.
Luego se dio la vuelta y salió corriendo al hielo con el equipo que huía.
Затем он повернулся и выбежал на лед вместе с убегающей командой.

Más tarde, los nueve perros de trineo se reunieron al abrigo del bosque.
Позже девять ездовых собак собрались под прикрытием леса.
Ya nadie los perseguía, pero estaban maltratados y heridos.
За ними больше никто не гнался, но они были избиты и ранены.
Cada perro tenía heridas: cuatro o cinco cortes profundos en cada cuerpo.
У каждой собаки были раны: по четыре-пять глубоких порезов на теле.
Dub tenía una pata trasera herida y ahora le costaba caminar.
У Даба была травмирована задняя лапа, и теперь ему было трудно ходить.
Dolly, la perrita más nueva de Dyea, tenía la garganta cortada.
У Долли, новой собаки из Дайи, было перерезано горло.
Joe había perdido un ojo y la oreja de Billee estaba cortada en pedazos.
Джо потерял глаз, а ухо Билли было разорвано на куски.
Todos los perros lloraron de dolor y derrota durante toda la noche.
Все собаки всю ночь плакали от боли и поражения.
Al amanecer regresaron al campamento doloridos y destrozados.
На рассвете они вернулись в лагерь, измученные и сломленные.
Los perros esquimales habían desaparecido, pero el daño ya estaba hecho.

Хаски исчезли, но ущерб уже был нанесен.

Perrault y François estaban de mal humor ante las ruinas.

Перро и Франсуа стояли над руинами в отвратительном настроении.

La mitad de la comida había desaparecido, robada por los ladrones hambrientos.

Половину еды унесли голодные воры.

Los perros esquimales habían destrozado las ataduras y la lona del trineo.

Хаски разорвали крепления и брезент саней.

Todo lo que tenía olor a comida había sido devorado por completo.

Все, что имело запах еды, было полностью съедено.

Se comieron un par de botas de viaje de piel de alce de Perrault.

Они съели пару дорожных сапог Перро из лосиной шкуры.

Masticaban correas de cuero y arruinaban las correas hasta dejarlas inservibles.

Они изгрызли кожаные реи и испортили ремни до такой степени, что они стали непригодными для использования.

François dejó de mirar el látigo roto para revisar a los perros.

Франсуа перестал смотреть на порванную плеть, чтобы проверить собак.

—Ah, amigos míos —dijo en voz baja y llena de preocupación.

«Ах, друзья мои», — сказал он тихим голосом, полным беспокойства.

"Tal vez todas estas mordeduras os conviertan en bestias locas."

«Может быть, все эти укусы превратят вас в бешеных зверей».

—¡Quizás todos sean perros rabiosos, sacredam! ¿Qué opinas, Perrault?

«Может быть, все они бешеные собаки, святейший! Что ты думаешь, Перро?»

Perrault meneó la cabeza; sus ojos estaban oscuros por la preocupación y el miedo.
Перро покачал головой, глаза его потемнели от беспокойства и страха.
Todavía había cuatrocientas millas entre ellos y Dawson.
Между ними и Доусоном лежало еще четыреста миль.
La locura canina ahora podría destruir cualquier posibilidad de supervivencia.
Собачье безумие теперь может уничтожить любые шансы на выживание.
Pasaron dos horas maldiciendo y tratando de arreglar el engranaje.
Они потратили два часа, ругаясь и пытаясь починить снаряжение.
El equipo herido finalmente abandonó el campamento, destrozado y derrotado.
Раненая команда в конце концов покинула лагерь, разбитая и побежденная.
Éste fue el camino más difícil hasta ahora y cada paso era doloroso.
Это был самый трудный путь, и каждый шаг давался с болью.
El río Treinta Millas no se había congelado y su caudal corría con fuerza.
Река Тридцатая Миля не замерзла и бурно бурлила.
Sólo en los lugares tranquilos y en los remolinos el hielo logró retenerse.
Лишь в спокойных местах и бурных водоворотах лед удерживался.
Pasaron seis días de duro trabajo hasta recorrer las treinta millas.
Прошло шесть дней тяжелого труда, прежде чем тридцать миль были пройдены.
Cada kilómetro del camino traía consigo peligro y amenaza de muerte.
Каждая миля пути приносила опасность и угрозу смерти.

Los hombres y los perros arriesgaban sus vidas con cada doloroso paso.

Люди и собаки рисковали своей жизнью на каждом болезненном шагу.

Perrault rompió delgados puentes de hielo una docena de veces diferentes.

Перро прорывал тонкие ледяные мосты дюжину раз.

Llevó un palo y lo dejó caer sobre el agujero que había hecho su cuerpo.

Он взял шест и бросил его через яму, образовавшуюся от его тела.

Más de una vez ese palo salvó a Perrault de ahogarse.

Этот шест не раз спасал Перро от утопления.

La ola de frío se mantuvo firme y el aire estaba a cincuenta grados bajo cero.

Похолодание сохранялось, температура воздуха составляла пятьдесят градусов ниже нуля.

Cada vez que se caía, Perrault tenía que encender un fuego para sobrevivir.

Каждый раз, когда Перро падал, ему приходилось разжигать огонь, чтобы выжить.

La ropa mojada se congelaba rápidamente, por lo que la secaba cerca del calor abrasador.

Мокрая одежда быстро замерзала, поэтому он сушил ее на сильном огне.

Ningún miedo afectó jamás a Perrault, y eso lo convirtió en mensajero.

Никакой страх никогда не касался Перро, и это сделало его курьером.

Fue elegido para el peligro y lo afrontó con tranquila resolución.

Его выбрали для опасности, и он встретил ее со спокойной решимостью.

Avanzó contra el viento, con el rostro arrugado y congelado.

Он двинулся вперед навстречу ветру, его сморщенное лицо было обморожено.

Desde el amanecer hasta el anochecer, Perrault los condujo hacia adelante.

От слабого рассвета до наступления темноты Перро вел их вперед.

Caminó sobre un estrecho borde de hielo que se agrietaba con cada paso.

Он шел по узкому льду, который трескался при каждом шаге.

No se atrevieron a detenerse: cada pausa suponía el riesgo de un colapso mortal.

Они не осмеливались останавливаться — каждая пауза грозила смертельным исходом.

Una vez, el trineo se abrió paso y arrastró a Dave y Buck.

Однажды сани прорвались, затянув Дэйва и Бака.

Cuando los liberaron, ambos estaban casi congelados.

К тому времени, как их вытащили на свободу, оба были почти замерзшими.

Los hombres hicieron un fuego rápidamente para mantener con vida a Buck y Dave.

Мужчины быстро развели костер, чтобы спасти Бак и Дэйва.

Los perros estaban cubiertos de hielo desde la nariz hasta la cola, rígidos como madera tallada.

Собаки были покрыты льдом от носа до хвоста, жесткие, как резное дерево.

Los hombres los hicieron correr en círculos cerca del fuego para descongelar sus cuerpos.

Мужчины водили их кругами возле костра, чтобы согреть их тела.

Se acercaron tanto a las llamas que su pelaje se quemó.

Они подошли так близко к огню, что их шерсть обгорела.

Luego Spitz rompió el hielo y arrastró al equipo detrás de él.

Следующим из-под льда прорвался Шпиц, увлекая за собой команду.

La ruptura llegó hasta donde Buck estaba tirando.

Разрыв дошел до того места, где тянул Бак.

Buck se reclinó con fuerza hacia atrás, sus patas resbalaron y temblaron en el borde.

Бэк резко откинулся назад, его лапы скользили и дрожали на краю.

Dave también se esforzó hacia atrás, justo detrás de Buck en la línea.

Дэйв также отступил назад, оказавшись на линии сразу за Баком.

François tiró del trineo; sus músculos crujían por el esfuerzo.

Франсуа тащил сани, его мышцы трещали от усилий.

En otra ocasión, el borde del hielo se agrietó delante y detrás del trineo.

В другой раз край льда треснул перед санями и позади них.

No tenían otra salida que escalar una pared del acantilado congelado.

У них не было другого выхода, кроме как карабкаться по замерзшей скале.

De alguna manera Perrault logró escalar el muro; un milagro lo mantuvo con vida.

Перро каким-то образом перелез через стену; чудо сохранило ему жизнь.

François se quedó abajo, rezando por tener la misma suerte.

Франсуа остался внизу, молясь о такой же удаче.

Ataron todas las correas, amarres y tirantes hasta formar una cuerda larga.

Они связали все ремни, обвязки и постромки в одну длинную веревку.

Los hombres subieron cada perro, uno a uno, hasta la cima.

Мужчины по одной подняли собак наверх.

François subió el último, después del trineo y toda la carga.

Франсуа поднялся последним, после саней и всего груза.

Entonces comenzó una larga búsqueda de un camino para bajar de los acantilados.

Затем начались долгие поиски тропы, ведущей вниз со скал.

Finalmente descendieron usando la misma cuerda que habían hecho.

В конце концов они спустились, используя ту же веревку, которую сделали сами.

La noche cayó cuando regresaron al lecho del río, exhaustos y doloridos.

Наступила ночь, когда они вернулись к руслу реки, измученные и больные.

El día completo les había proporcionado sólo un cuarto de milla de ganancia.

За целый день им удалось продвинуться всего на четверть мили.

Cuando llegaron a Hootalinqua, Buck estaba agotado.

К тому времени, как они добрались до Хуталинква, Бак был измотан.

Los demás perros sufrieron igual de mal las condiciones del sendero.

Другие собаки так же сильно пострадали от условий тропы.

Pero Perrault necesitaba recuperar tiempo y los presionaba cada día.

Но Перро нужно было наверстать упущенное, и он подталкивал их вперед каждый день.

El primer día viajaron treinta millas hasta Big Salmon.

В первый день они прошли тридцать миль до Биг-Салмона.

Al día siguiente viajaron treinta y cinco millas hasta Little Salmon.

На следующий день они проделали путь в тридцать пять миль до Литл-Салмона.

Al tercer día avanzaron a través de cuarenta largas y heladas millas.

На третий день они преодолели сорок миль по замерзшей дороге.

Para entonces, se estaban acercando al asentamiento de Five Fingers.

К тому времени они приближались к поселению Файв-Фингерс.

Los pies de Buck eran más suaves que los duros pies de los huskies nativos.
Копыта Бака были мягче, чем твердые копыта местных лаек.
Sus patas se habían vuelto tiernas a lo largo de muchas generaciones civilizadas.
За многие цивилизованные поколения его лапы стали нежными.
Hace mucho tiempo, sus antepasados habían sido domesticados por hombres del río o cazadores.
Давным-давно его предки были приручены речными людьми или охотниками.
Todos los días Buck cojeaba de dolor, caminando sobre sus patas doloridas y en carne viva.
Каждый день Бак хромал от боли, ступая на ободранных, ноющих лапах.
En el campamento, Buck cayó como un cuerpo sin vida sobre la nieve.
В лагере Бак безжизненно рухнул на снег.
Aunque estaba hambriento, Buck no se levantó a comer su cena.
Несмотря на голод, Бак не встал, чтобы поужинать.
François le trajo a Buck su ración, poniendo pescado junto a su hocico.
Франсуа принес Бак его паек, положив рыбу ему на морду.
Cada noche, el conductor frotaba los pies de Buck durante media hora.
Каждый вечер водитель в течение получаса растирал Бак ноги.
François incluso cortó sus propios mocasines para hacer calzado para perros.
Франсуа даже разрезал свои собственные мокасины, чтобы сделать из них обувь для собак.

Cuatro zapatos cálidos le dieron a Buck un gran y bienvenido alivio.
Четыре теплых ботинка принесли Бак большое и долгожданное облегчение.
Una mañana, François olvidó los zapatos y Buck se negó a levantarse.
Однажды утром Франсуа забыл туфли, а Бак отказался вставать.
Buck yacía de espaldas, con los pies en el aire, agitándolos lastimeramente.
Бак лежал на спине, задрав ноги в воздух, и жалобно ими размахивал.
Incluso Perrault sonrió al ver la dramática súplica de Buck.
Даже Перро ухмыльнулся, увидев драматическую мольбу Бака.
Pronto los pies de Buck se endurecieron y los zapatos pudieron desecharse.
Вскоре ноги Бака затвердели, и обувь пришлось выбросить.
En Pelly, durante el periodo de uso del arnés, Dolly emitió un aullido terrible.
В Пелли, во время запряжки, Долли издала ужасный вой.
El grito fue largo y lleno de locura, sacudiendo a todos los perros.
Крик был долгим и полным безумия, потрясшим каждую собаку.
Cada perro se erizaba de miedo sin saber el motivo.
Каждая собака ощетинилась от страха, не понимая причины.
Dolly se volvió loca y se arrojó directamente hacia Buck.
Долли сошла с ума и бросилась прямо на Бака.
Buck nunca había visto la locura, pero el horror llenó su corazón.
Бак никогда не видел безумия, но ужас наполнил его сердце.
Sin pensarlo, se dio la vuelta y huyó presa del pánico absoluto.

Не раздумывая, он повернулся и в панике бросился бежать.
Dolly lo persiguió con los ojos desorbitados y la saliva saliendo de sus mandíbulas.
Долли погналась за ним, ее глаза были дикими, слюна летела из ее пасти.
Ella se mantuvo justo detrás de Buck, sin ganar terreno ni quedarse atrás.
Она держалась сразу за Баком, не отставая и не нагоняя его.
Buck corrió a través del bosque, bajó por la isla y cruzó el hielo irregular.
Бак бежал через лес, по острову, по неровному льду.
Cruzó hacia una isla, luego hacia otra, dando la vuelta nuevamente hasta el río.
Он переправился на остров, затем на другой, а затем вернулся обратно к реке.
Aún así Dolly lo persiguió, con su gruñido detrás de cada paso.
Долли продолжала преследовать его, и ее рычание раздавалось на каждом шагу.
Buck podía oír su respiración y su rabia, aunque no se atrevía a mirar atrás.
Бак слышал ее дыхание и ярость, хотя не осмеливался оглядываться.
François gritó desde lejos y Buck se giró hacia la voz.
Франсуа крикнул издалека, и Бак повернулся на голос.
Todavía jadeando en busca de aire, Buck pasó corriendo, poniendo toda su esperanza en François.
Все еще хватая ртом воздух, Бак пробежал мимо, возлагая всю надежду на Франсуа.
El conductor del perro levantó un hacha y esperó mientras Buck pasaba volando.
Погонщик собак поднял топор и подождал, пока Бак пролетит мимо.
El hacha cayó rápidamente y golpeó la cabeza de Dolly con una fuerza mortal.

Топор стремительно опустился и со смертельной силой ударил Долли по голове.

Buck se desplomó cerca del trineo, jadeando e incapaz de moverse.

Бак рухнул возле саней, хрипя и не в силах пошевелиться.

Ese momento le dio a Spitz la oportunidad de golpear a un enemigo exhausto.

В этот момент у Шпица появился шанс нанести удар измотанному противнику.

Mordió a Buck dos veces, desgarrando la carne hasta el hueso blanco.

Дважды он укусил Бэка, разрывая плоть до белой кости.

El látigo de François hizo chasquear el látigo y golpeó a Spitz con toda su fuerza y furia.

Франсуа щелкнул кнутом, ударив Шпица со всей яростной силой.

Buck observó con alegría cómo Spitz recibía la paliza más dura que había recibido hasta entonces.

Бак с радостью наблюдал, как Шпица избивают сильнее, чем когда-либо.

"Es un demonio ese Spitz", murmuró Perrault para sí mismo.

«Он дьявол, этот Шпиц», — мрачно пробормотал Перро себе под нос.

"Algún día, ese maldito perro matará a Buck, lo juro".

«Однажды, очень скоро, эта проклятая собака убьет Бака — клянусь».

—Ese Buck tiene dos demonios dentro —respondió François asintiendo.

«В этом Баке два дьявола», — ответил Франсуа, кивнув.

"Cuando veo a Buck, sé que algo feroz le aguarda dentro".

«Когда я смотрю на Бака, я знаю, что в нем таится что-то свирепое».

"Un día se pondrá furioso y destrozará a Spitz".

«Однажды он разозлится и разорвет Шпица на куски».

"Masticará a ese perro y lo escupirá en la nieve congelada".

«Он прожует эту собаку и выплюнет ее на замерзший снег».

"Estoy seguro de que lo sé en lo más profundo de mi ser".
«Конечно, я знаю это в глубине души».

A partir de ese momento los dos perros quedaron en guerra.
С этого момента между двумя собаками началась война.

Spitz lideró al equipo y mantuvo el poder, pero Buck lo desafió.
Спиц возглавлял команду и удерживал власть, но Бак бросил этому вызов.

Spitz vio su rango amenazado por este extraño extraño de Southland.
Шпиц увидел, что этот странный незнакомец с Юга угрожает его положению.

Buck no se parecía a ningún otro perro sureño que Spitz hubiera conocido antes.
Бак не был похож ни на одну южную собаку, которую Шпиц знал раньше.

La mayoría de ellos fracasaron: eran demasiado débiles para sobrevivir al frío y al hambre.
Большинство из них потерпели неудачу — они были слишком слабы, чтобы пережить холод и голод.

Murieron rápidamente bajo el trabajo, las heladas y el lento ardor del hambre.
Они быстро умирали от труда, холода и медленного голода.

Buck se destacó: cada día más fuerte, más inteligente y más salvaje.
Бак стоял особняком — с каждым днем становясь сильнее, умнее и свирепее.

Prosperó a pesar de las dificultades y creció hasta alcanzar el nivel de los perros esquimales del norte.
Он преуспел в трудностях и вырос, став достойным соперником северных хаски.

Buck tenía fuerza, habilidad salvaje y un instinto paciente y mortal.
У Бака была сила, дикая ловкость и терпеливый, смертоносный инстинкт.

El hombre con el garrote había golpeado la temeridad de Buck.
Человек с дубинкой выбил из Бака всякую опрометчивость.
La furia ciega desapareció y fue reemplazada por una astucia silenciosa y control.
Слепая ярость исчезла, уступив место тихой хитрости и контролю.
Esperó, tranquilo y primario, observando el momento adecuado.
Он ждал, спокойный и первобытный, выжидая подходящего момента.
Su lucha por el mando se hizo inevitable y clara.
Их борьба за господство стала неизбежной и очевидной.
Buck deseaba el liderazgo porque su espíritu lo exigía.
Бак желал лидерства, потому что этого требовал его дух.
Lo impulsaba el extraño orgullo nacido del camino y del arnés.
Им двигала странная гордость, рожденная тропой и упряжью.
Ese orgullo hizo que los perros tiraran hasta caer sobre la nieve.
Эта гордость заставляла собак тянуть, пока они не падали на снег.
El orgullo los llevó a dar toda la fuerza que tenían.
Гордыня заставила их отдать все силы, которые у них были.
El orgullo puede atraer a un perro de trineo incluso hasta el punto de la muerte.
Гордыня может загнать ездовую собаку даже в ловушку смерти.
La pérdida del arnés dejó a los perros rotos y sin propósito.
Потеряв шлейку, собаки стали сломленными и бесполезными.
El corazón de un perro de trineo puede quedar aplastado por la vergüenza cuando se retira.

Сердце ездовой собаки может быть раздавлено стыдом, когда она уходит на пенсию.
Dave vivió con ese orgullo mientras arrastraba el trineo desde atrás.
Дэйв жил этой гордостью, когда тащил сани сзади.
Solleks también lo dio todo con fuerza y lealtad.
Соллекс тоже отдал всего себя с мрачной силой и преданностью.
Cada mañana, el orgullo los transformaba de amargados a decididos.
Каждое утро гордость превращала их из озлобленных в решительных.
Empujaron todo el día y luego se quedaron en silencio al final del campamento.
Они продвигались весь день, а затем затихли на окраине лагеря.
Ese orgullo le dio a Spitz la fuerza para poner a raya a los evasores.
Эта гордость давала Шпицу силы заставить уклонистов подчиняться.
Spitz temía a Buck porque Buck tenía ese mismo orgullo profundo.
Шпиц боялся Бэка, потому что Бак был столь же горд.
El orgullo de Buck ahora se agitó contra Spitz, y no se detuvo.
Гордыня Бэка восстала против Шпица, и он не остановился.
Buck desafió el poder de Spitz y le impidió castigar a los perros.
Бак бросил вызов силе Шпица и не позволил ему наказать собак.
Cuando otros fallaron, Buck se interpuso entre ellos y su líder.
Когда другие потерпели неудачу, Бак встал между ними и их лидером.
Lo hizo con intención, dejando claro y abierto su desafío.

Он сделал это намеренно, сделав свой вызов открытым и ясным.

Una noche, una fuerte nevada cubrió el mundo con un profundo silencio.

Однажды ночью сильный снегопад окутал мир глубокой тишиной.

A la mañana siguiente, Pike, perezoso como siempre, no se levantó para ir a trabajar.

На следующее утро Пайк, как всегда ленивый, не встал на работу.

Se quedó escondido en su nido bajo una gruesa capa de nieve.

Он спрятался в своем гнезде под толстым слоем снега.

François gritó y buscó, pero no pudo encontrar al perro.

Франсуа звал и искал, но не смог найти собаку.

Spitz se puso furioso y atravesó furioso el campamento cubierto de nieve.

Шпиц разозлился и бросился сквозь заснеженный лагерь.

Gruñó y olfateó, cavando frenéticamente con ojos llameantes.

Он рычал и принюхивался, бешено копая землю горящими глазами.

Su rabia era tan feroz que Pike tembló de miedo bajo la nieve.

Его ярость была столь неистовой, что Пайк затрясся от страха под снегом.

Cuando finalmente encontraron a Pike, Spitz se abalanzó sobre él para castigar al perro que estaba escondido.

Когда Пайк наконец был найден, Шпиц бросился наказать спрятавшуюся собаку.

Pero Buck saltó entre ellos con una furia igual a la de Spitz.

Но Бак бросился между ними с яростью, не уступающей ярости Шпица.

El ataque fue tan repentino e inteligente que Spitz cayó al suelo.

Атака была настолько внезапной и ловкой, что Шпиц упал с ног.

Pike, que estaba temblando, se animó ante este desafío.
Пайк, которого трясло, почерпнул мужество из этого вызова.
Saltó sobre el Spitz caído, siguiendo el audaz ejemplo de Buck.
Он вскочил на упавшего шпица, следуя смелому примеру Бака.
Buck, que ya no estaba obligado por la justicia, se unió a la huelga de Spitz.
Бак, больше не связанный принципами справедливости, присоединился к забастовке на Шпице.
François, divertido pero firme en su disciplina, blandió su pesado látigo.
Франсуа, удивленный, но твердый в дисциплине, взмахнул своей тяжелой плетью.
Golpeó a Buck con todas sus fuerzas para acabar con la pelea.
Он со всей силы ударил Бака, чтобы прекратить драку.
Buck se negó a moverse y se quedó encima del líder caído.
Бак отказался двигаться и остался на упавшем лидере.
François entonces utilizó el mango del látigo y golpeó con fuerza a Buck.
Затем Франсуа использовал рукоятку хлыста, сильно ударив Бэка.
Tambaleándose por el golpe, Buck cayó hacia atrás bajo el asalto.
Пошатнувшись от удара, Бак отступил под натиском противника.
François golpeó una y otra vez mientras Spitz castigaba a Pike.
Франсуа наносил удары снова и снова, а Спиц наказывал Пайка.

Pasaron los días y Dawson City estaba cada vez más cerca.
Дни шли, и Доусон-Сити становился все ближе и ближе.
Buck seguía interfiriendo, interponiéndose entre Spitz y otros perros.

Бэк постоянно вмешивался, проскальзывая между Шпицем и другими собаками.

Elegía bien sus momentos, esperando siempre que François se marchase.

Он тщательно выбирал моменты, всегда дожидаясь, пока Франсуа уйдет.

La rebelión silenciosa de Buck se extendió y el desorden se arraigó en el equipo.

Тихий мятеж Бака распространился, и в команде воцарился беспорядок.

Dave y Solleks se mantuvieron leales, pero otros se volvieron rebeldes.

Дэйв и Соллекс остались верны, но остальные стали неуправляемыми.

El equipo empeoró: se volvió inquieto, pendenciero y fuera de lugar.

Команда стала еще хуже — беспокойной, сварливой и недисциплинированной.

Ya nada funcionaba con fluidez y las peleas se volvieron algo habitual.

Все перестало быть гладким, и драки стали обычным явлением.

Buck permaneció en el corazón del problema, provocando siempre malestar.

Бак оставался в центре событий, постоянно провоцируя беспорядки.

François se mantuvo alerta, temeroso de la pelea entre Buck y Spitz.

Франсуа оставался настороже, опасаясь драки между Баком и Шпицем.

Cada noche, las peleas lo despertaban, temiendo que finalmente llegara el comienzo.

Каждую ночь он будил себя шумом потасовок и боялся, что вот-вот начнется что-то неладное.

Saltó de su túnica, dispuesto a detener la pelea.

Он выпрыгнул из своего халата, готовый прекратить драку.

Pero el momento nunca llegó y finalmente llegaron a Dawson.
Но момент так и не настал, и они наконец добрались до Доусона.
El equipo entró en la ciudad una tarde sombría, tensa y silenciosa.
Группа вошла в город одним унылым днем, напряженным и тихим.
La gran batalla por el liderazgo todavía estaba suspendida en el aire.
Великая битва за лидерство все еще висела в морозном воздухе.
Dawson estaba lleno de hombres y perros de trineo, todos ocupados con el trabajo.
В Доусоне было полно людей и ездовых собак, все были заняты работой.
Buck observó a los perros tirar cargas desde la mañana hasta la noche.
Бак наблюдал, как собаки тянут грузы с утра до вечера.
Transportaban troncos y leña y transportaban suministros a las minas.
Они возили бревна и дрова, доставляли припасы на рудники.
Donde antes trabajaban los caballos en las tierras del sur, ahora trabajaban los perros.
Там, где раньше на юге работали лошади, теперь трудятся собаки.
Buck vio algunos perros del sur, pero la mayoría eran huskies parecidos a lobos.
Бак видел несколько собак с Юга, но большинство из них были похожими на волков лайками.
Por la noche, como un reloj, los perros alzaban sus voces cantando.
Ночью, как по часам, собаки начинали петь.
A las nueve, a las doce y de nuevo a las tres, empezó el canto.
В девять, в полночь и снова в три часа начиналось пение.

A Buck le encantaba unirse a su canto misterioso, de sonido salvaje y antiguo.
Бэку нравилось присоединяться к их жуткому пению, дикому и древнему по звучанию.

La aurora llameó, las estrellas bailaron y la nieve cubrió la tierra.
Ярко светило полярное сияние, плясали звезды, а землю покрывал снег.

El canto de los perros se elevó como un grito contra el silencio y el frío intenso.
Песня собак раздалась как крик, заглушающий тишину и пронизывающий холод.

Pero su aullido contenía tristeza, no desafío, en cada larga nota.
Но в каждой их долгой ноте звучала печаль, а не вызов.

Cada grito lamentable estaba lleno de súplica: el peso de la vida misma.
Каждый вопль был полон мольбы, бремени самой жизни.

Esa canción era vieja, más vieja que las ciudades y más vieja que los incendios.
Та песня была старой — старше городов и старше пожаров.

Aquella canción era más antigua incluso que las voces de los hombres.
Эта песня была даже древнее голосов людей.

Era una canción del mundo joven, cuando todas las canciones eran tristes.
Это была песня из мира юности, когда все песни были грустными.

La canción transportaba el dolor de incontables generaciones de perros.
В этой песне звучала печаль бесчисленных поколений собак.

Buck sintió la melodía profundamente, gimiendo por un dolor arraigado en los siglos.
Бак глубоко прочувствовал мелодию, стонал от боли, уходящей корнями в века.

Sollozaba por un dolor tan antiguo como la sangre salvaje en sus venas.
Он рыдал от горя, столь же древнего, как и дикая кровь в его жилах.
El frío, la oscuridad y el misterio tocaron el alma de Buck.
Холод, темнота и тайна тронули душу Бака.
Esa canción demostró hasta qué punto Buck había regresado a sus orígenes.
Эта песня показала, насколько Бак вернулся к своим истокам.
Entre la nieve y los aullidos había encontrado el comienzo de su propia vida.
Сквозь снег и вой он нашел начало своей жизни.

Siete días después de llegar a Dawson, partieron nuevamente.
Через семь дней после прибытия в Доусон они снова отправились в путь.
El equipo descendió del cuartel hasta el sendero Yukon.
Группа высадилась из казарм на Юконской тропе.
Comenzaron el viaje de regreso hacia Dyea y Salt Water.
Они начали обратный путь к Дайе и Солт-Уотеру.
Perrault llevaba despachos aún más urgentes que antes.
Перро доставлял депеши еще более срочные, чем прежде.
También se sintió dominado por el orgullo por el sendero y se propuso establecer un récord.
Его также охватила гордость за победу в беге, и он задался целью установить рекорд.
Esta vez, varias ventajas estaban del lado de Perrault.
На этот раз на стороне Перро было несколько преимуществ.
Los perros habían descansado durante una semana entera y recuperaron su fuerza.
Собаки отдыхали целую неделю и восстановили силы.
El camino que ellos habían abierto ahora estaba compactado por otros.

Тропа, которую они проложили, теперь была утоптана другими.

En algunos lugares, la policía había almacenado comida tanto para perros como para hombres.

В некоторых местах полиция запасала еду как для собак, так и для людей.

Perrault viajaba ligero, moviéndose rápido y con poco que lo pesara.

Перро путешествовал налегке, двигался быстро, и ничто его не обременяло.

Llegaron a Sixty-Mile, un recorrido de cincuenta millas, en la primera noche.

К первой ночи они достигли «Шестидесятой мили» — забега на пятьдесят миль.

El segundo día, se apresuraron a subir por el Yukón hacia Pelly.

На второй день они двинулись вверх по Юкону к Пелли.

Pero estos grandes avances implicaron un gran esfuerzo para François.

Однако столь значительный прогресс дался Франсуа с большим напряжением.

La rebelión silenciosa de Buck había destrozado la disciplina del equipo.

Тихий бунт Бака подорвал дисциплину команды.

Ya no tiraban juntos como una sola bestia bajo las riendas.

Они больше не действовали сообща, как один зверь под уздцы.

Buck había llevado a otros al desafío mediante su valiente ejemplo.

Бак своим смелым примером побудил других к неповиновению.

La orden de Spitz ya no fue recibida con miedo ni respeto.

Команды Шпица больше не вызывали страха и уважения.

Los demás perdieron el respeto que le tenían y se atrevieron a resistirse a su gobierno.

Остальные утратили благоговение перед ним и осмелились воспротивиться его правлению.

Una noche, Pike robó medio pescado y se lo comió bajo la mirada de Buck.
Однажды ночью Пайк украл половину рыбы и съел ее на глазах у Бэка.

Otra noche, Dub y Joe pelearon contra Spitz y quedaron impunes.
В другой вечер Даб и Джо подрались со Шпицем и остались безнаказанными.

Incluso Billee se quejó con menos dulzura y mostró una nueva agudeza.
Даже Билли ныл уже не так сладко и проявил новую резкость.

Buck le gruñó a Spitz cada vez que se cruzaban.
Бак рычал на Шпица каждый раз, когда их пути пересекались.

La actitud de Buck se volvió audaz y amenazante, casi como la de un matón.
Поведение Бака стало дерзким и угрожающим, он стал почти как хулиган.

Caminó delante de Spitz con arrogancia, lleno de amenaza burlona.
Он расхаживал перед Шпицем с развязной походкой, полной насмешливой угрозы.

Ese colapso del orden se extendió también entre los perros de trineo.
Этот крах порядка распространился и на ездовых собак.

Pelearon y discutieron más que nunca, llenando el campamento de ruido.
Они ссорились и спорили больше, чем когда-либо, наполняя лагерь шумом.

La vida en el campamento se convertía cada noche en un caos salvaje y aullante.
Каждую ночь жизнь в лагере превращалась в дикий, воющий хаос.

Sólo Dave y Solleks permanecieron firmes y concentrados.
Только Дэйв и Соллекс оставались спокойными и сосредоточенными.

Pero incluso ellos se enojaron por las peleas constantes.
Но даже они стали вспыльчивыми от постоянных драк.

François maldijo en lenguas extrañas y pisoteó con frustración.
Франсуа ругался на странных языках и топал ногами от досады.

Se tiró del pelo y gritó mientras la nieve volaba bajo sus pies.
Он рвал на себе волосы и кричал, а снег летел из-под ног.

Su látigo azotó a la manada, pero apenas logró mantenerlos bajo control.
Его кнут щелкал по всей стае, но едва мог удержать их в строю.

Cada vez que él le daba la espalda, la lucha estallaba de nuevo.
Всякий раз, когда он отворачивался, драка возобновлялась.

François utilizó el látigo para azotar a Spitz, mientras Buck lideraba a los rebeldes.
Франсуа использовал плетку для Шпица, в то время как Бак возглавлял мятежников.

Cada uno conocía el papel del otro, pero Buck evitó cualquier culpa.
Каждый из них знал роль другого, но Бак избегал любых обвинений.

François nunca sorprendió a Buck iniciando una pelea o eludiendo su trabajo.
Франсуа ни разу не видел, чтобы Бак затевал драку или уклонялся от работы.

Buck trabajó duro con el arnés; el trabajo ahora emocionaba su espíritu.
Бак усердно трудился в упряжке — теперь этот труд волновал его дух.

Pero encontró aún más alegría al provocar peleas y caos en el campamento.
Но еще большую радость он находил, устраивая драки и создавая хаос в лагере.

Una noche, en la desembocadura del Tahkeena, Dub asustó a un conejo.
Однажды вечером у устья реки Тахкина Даб спугнул кролика.
Falló el tiro y el conejo con raquetas de nieve saltó lejos.
Он промахнулся, и кролик-беляк убежал.
En cuestión de segundos, todo el equipo de trineo los persiguió con gritos salvajes.
Через несколько секунд вся упряжка с дикими криками бросилась в погоню.
Cerca de allí, un campamento de la Policía del Noroeste albergaba cincuenta perros husky.
Неподалеку, в лагере северо-западной полиции, размещалось пятьдесят собак хаски.
Se unieron a la caza y navegaron juntos por el río helado.
Они присоединились к охоте, вместе спускаясь по замерзшей реке.
El conejo se desvió del río y huyó hacia el lecho congelado del arroyo.
Кролик свернул с реки и побежал вверх по замерзшему руслу ручья.
El conejo saltaba suavemente sobre la nieve mientras los perros se abrían paso con dificultad.
Кролик легко скакал по снегу, а собаки пробирались сквозь него.
Buck lideró la enorme manada de sesenta perros en cada curva.
Бак вел огромную стаю из шестидесяти собак по каждому извилистому повороту.
Avanzó lentamente y con entusiasmo, pero no pudo ganar terreno.
Он рвался вперед, пригнувшись и настойчиво, но не мог продвинуться вперед.
Su cuerpo brillaba bajo la pálida luna con cada poderoso salto.
Его тело мелькало под бледной луной при каждом мощном прыжке.

Más adelante, el conejo se movía como un fantasma, silencioso y demasiado rápido para atraparlo.
Впереди, словно призрак, двигался кролик, бесшумный и слишком быстрый, чтобы его можно было поймать.

Todos esos viejos instintos —el hambre, la emoción— se apoderaron de Buck.
Все те старые инстинкты — голод, острые ощущения — пронзили Бака.

Los humanos a veces sienten este instinto y se ven impulsados a cazar con armas de fuego y balas.
Иногда люди поддаются этому инстинкту, побуждающему их охотиться с ружьем и пулями.

Pero Buck sintió este sentimiento a un nivel más profundo y personal.
Но Бак чувствовал это чувство на более глубоком и личном уровне.

No podían sentir lo salvaje en su sangre como Buck podía sentirlo.
Они не могли чувствовать дикость в своей крови так, как ее чувствовал Бак.

Persiguió carne viva, dispuesto a matar con los dientes y saborear la sangre.
Он гнался за живым мясом, готовый убивать зубами и пробовать кровь.

Su cuerpo se tensó de alegría, queriendo bañarse en la cálida vida roja.
Его тело напряглось от радости, желая искупаться в теплой красной жизни.

Una extraña alegría marca el punto más alto que la vida puede alcanzar.
Странная радость отмечает высшую точку, которой может достичь жизнь.

La sensación de una cima donde los vivos olvidan que están vivos.
Ощущение вершины, где живые вообще забывают, что они живы.

Esta alegría profunda conmueve al artista perdido en una inspiración ardiente.

Эта глубокая радость трогает художника, погруженного в пылающее вдохновение.

Esta alegría se apodera del soldado que lucha salvajemente y no perdona a ningún enemigo.

Эта радость охватывает солдата, который сражается яростно и не щадит врага.

Esta alegría ahora se apoderó de Buck mientras lideraba la manada con hambre primaria.

Эта радость теперь принадлежала Бэку, который возглавлял стаю, охваченную первобытным голодом.

Aulló con el antiguo grito del lobo, emocionado por la persecución en vida.

Он завыл древним волчьим воем, взволнованный живой погоней.

Buck recurrió a la parte más antigua de sí mismo, perdida en la naturaleza.

Бак обратился к самой старой части себя, затерянной в дикой природе.

Llegó a lo más profundo, más allá de la memoria, al tiempo crudo y antiguo.

Он проник глубоко внутрь себя, за пределы памяти, в сырое, древнее время.

Una ola de vida pura recorrió cada músculo y tendón.

Волна чистой жизни пронеслась по каждому мускулу и сухожилию.

Cada salto gritaba que vivía, que avanzaba a través de la muerte.

Каждый прыжок кричал, что он жив, что он движется сквозь смерть.

Su cuerpo se elevaba alegremente sobre una tierra quieta y fría que nunca se movía.

Его тело радостно парило над неподвижной, холодной землей, которая никогда не шевелилась.

Spitz se mantuvo frío y astuto, incluso en sus momentos más salvajes.

Шпиц оставался холодным и хитрым даже в самые дикие моменты.

Dejó el sendero y cruzó el terreno donde el arroyo se curvaba ampliamente.

Он сошел с тропы и пересек землю там, где ручей делал широкий изгиб.

Buck, sin darse cuenta de esto, permaneció en el sinuoso camino del conejo.

Бак, не подозревая об этом, остался на извилистой тропе кролика.

Entonces, cuando Buck dobló una curva, el conejo fantasmal estaba frente a él.

Затем, когда Бак свернул за поворот, перед ним возник похожий на призрака кролик.

Vio una segunda figura saltar desde la orilla delante de la presa.

Он увидел, как вторая фигура выпрыгнула из воды впереди добычи.

La figura era Spitz, aterrizando justo en el camino del conejo que huía.

Это был Шпиц, приземлившийся прямо на пути убегающего кролика.

El conejo no pudo girar y se encontró con las fauces de Spitz en el aire.

Кролик не смог повернуться и в воздухе встретился с челюстями Шпица.

La columna vertebral del conejo se rompió con un chillido tan agudo como el grito de un humano moribundo.

Позвоночник кролика сломался с криком, таким же резким, как крик умирающего человека.

Ante ese sonido, la caída de la vida a la muerte, la manada aulló fuerte.

При этом звуке — падении из жизни в смерть — стая громко взвыла.

Un coro salvaje se elevó detrás de Buck, lleno de oscuro deleite.

Из-за спины Бака раздался дикий хор, полный темного восторга.

Buck no emitió ningún grito ni sonido y se lanzó directamente hacia Spitz.

Бак не издал ни крика, ни звука и бросился прямо на Шпица.

Apuntó a la garganta, pero en lugar de eso golpeó el hombro.

Он целился в горло, но вместо этого попал в плечо.

Cayeron sobre la nieve blanda; sus cuerpos trabados en combate.

Они падали в рыхлый снег, их тела сцепились в схватке.

Spitz se levantó rápidamente, como si nunca lo hubieran derribado.

Шпиц быстро вскочил, словно его и не сбивали с ног.

Cortó el hombro de Buck y luego saltó para alejarse de la pelea.

Он полоснул Бэка по плечу, а затем выскочил из драки.

Sus dientes chasquearon dos veces como trampas de acero y sus labios se curvaron y fueron feroces.

Дважды его зубы щелкали, словно стальные капканы, губы скривились в гримасе ярости.

Retrocedió lentamente, buscando terreno firme bajo sus pies.

Он медленно отступил, ища твердую почву под ногами.

Buck comprendió el momento instantánea y completamente.

Бак понял этот момент мгновенно и полностью.

Había llegado el momento; la lucha iba a ser una lucha a muerte.

Пришло время; битва должна была стать смертельным сражением.

Los dos perros daban vueltas, gruñendo, con las orejas planas y los ojos entrecerrados.

Две собаки кружили, рыча, прижав уши и прищурив глаза.

Cada perro esperaba que el otro mostrara debilidad o un paso en falso.

Каждая собака ждала, когда другая проявит слабость или допустит ошибку.
Para Buck, la escena era inquietantemente conocida y recordada profundamente.
Для Бак эта сцена показалась жутко знакомой и глубоко памятной.
El bosque blanco, la tierra fría, la batalla bajo la luz de la luna.
Белый лес, холодная земля, битва под лунным светом.
Un pesado silencio llenó la tierra, profundo y antinatural.
Землю наполнила тяжелая тишина, глубокая и неестественная.
Ningún viento se agitó, ninguna hoja se movió, ningún sonido rompió la quietud.
Ни ветерка, ни один листок не шелохнулся, ни один звук не нарушил тишину.
El aliento de los perros se elevaba como humo en el aire helado y silencioso.
Дыхание собак поднималось, словно дым, в морозном, тихом воздухе.
El conejo fue olvidado hace mucho tiempo por la manada de bestias salvajes.
Кролик был давно забыт стаей диких зверей.
Estos lobos medio domesticados ahora permanecían quietos formando un amplio círculo.
Теперь эти полуприрученные волки стояли неподвижно, образовав широкий круг.
Estaban en silencio, sólo sus ojos brillantes revelaban su hambre.
Они молчали, только их горящие глаза выдавали их голод.
Su respiración se elevó mientras observaban cómo comenzaba la pelea final.
Их дыхание поднялось, когда они наблюдали за началом финального боя.
Para Buck, esta batalla era vieja y esperada, nada extraña.
Для Бака эта битва была старой и ожидаемой, а вовсе не странной.

Parecía el recuerdo de algo que siempre estuvo destinado a suceder.
Это было похоже на воспоминание о чем-то, что всегда должно было произойти.
Spitz era un perro de pelea entrenado, perfeccionado por innumerables peleas salvajes.
Шпиц был обученной бойцовой собакой, закаленной в бесчисленных диких драках.
Desde Spitzbergen hasta Canadá, había vencido a muchos enemigos.
От Шпицбергена до Канады он одолел множество врагов.
Estaba lleno de furia, pero nunca dejó controlar la rabia.
Он был полон ярости, но никогда не позволял себе сдерживать ярость.
Su pasión era aguda, pero siempre templada por un duro instinto.
Его страсть была острой, но всегда сдерживаемой суровым инстинктом.
Nunca atacó hasta que su propia defensa estuvo en su lugar.
Он никогда не нападал, пока не была готова его собственная защита.
Buck intentó una y otra vez alcanzar el vulnerable cuello de Spitz.
Бак снова и снова пытался дотянуться до уязвимой шеи Шпица.
Pero cada golpe era correspondido con un corte de los afilados dientes de Spitz.
Но каждый удар встречался резким ударом острых зубов Шпица.
Sus colmillos chocaron y ambos perros sangraron por los labios desgarrados.
Их клыки столкнулись, и из разорванных губ обеих собак потекла кровь.
No importaba cuánto se lanzara Buck, no podía romper la defensa.
Как бы Бак ни нападал, он не мог прорвать оборону.

Se puso más furioso y se abalanzó con salvajes ráfagas de poder.
Он становился все более яростным, бросаясь вперед с дикими порывами силы.
Una y otra vez, Buck atacó la garganta blanca de Spitz.
Снова и снова Бак наносил удары по белому горлу Шпица.
Cada vez que Spitz esquivaba el ataque, contraatacaba con un mordisco cortante.
Каждый раз Шпиц уклонялся и наносил ответный удар резким укусом.
Entonces Buck cambió de táctica y se abalanzó nuevamente hacia la garganta.
Затем Бак сменил тактику, снова бросившись вперед, словно целясь в горло.
Pero él retrocedió a mitad del ataque y se giró para atacar desde un costado.
Но он отступил в середине атаки, развернувшись, чтобы ударить сбоку.
Le lanzó el hombro a Spitz con la intención de derribarlo.
Он ударил Шпица плечом, намереваясь сбить его с ног.
Cada vez que lo intentaba, Spitz lo esquivaba y contraatacaba con un corte.
Каждый раз, когда он пытался это сделать, Спиц уклонялся и наносил ответный удар.
El hombro de Buck se enrojeció cuando Spitz saltó después de cada golpe.
Плечо Бака болело, когда Шпиц отскакивал после каждого удара.
Spitz no había sido tocado, mientras que Buck sangraba por muchas heridas.
Шпица не тронули, а вот Бак истекал кровью из-за многочисленных ран.
La respiración de Buck era rápida y pesada y su cuerpo estaba cubierto de sangre.
Дыхание Бака стало частым и тяжелым, его тело стало скользким от крови.

La pelea se volvió más brutal con cada mordisco y embestida.

С каждым укусом и атакой драка становилась все более жестокой.

A su alrededor, sesenta perros silenciosos esperaban que cayera el primero.

Вокруг них шестьдесят молчаливых собак ждали, когда упадет первая.

Si un perro caía, la manada terminaría la pelea.

Если бы одна собака упала, стая закончила бы бой.

Spitz vio que Buck se estaba debilitando y comenzó a presionar para atacar.

Шпиц увидел, что Бак слабеет, и начал усиливать атаку.

Mantuvo a Buck fuera de equilibrio, obligándolo a luchar para mantener el equilibrio.

Он лишил Бака равновесия, заставив его бороться за то, чтобы устоять на ногах.

Una vez Buck tropezó y cayó, y todos los perros se levantaron.

Однажды Бак споткнулся и упал, и все собаки поднялись.

Pero Buck se enderezó a mitad de la caída y todos volvieron a caer.

Но Бак выпрямился в середине падения, и все снова опустились на землю.

Buck tenía algo poco común: una imaginación nacida de un instinto profundo.

У Бака было нечто редкое — воображение, рожденное глубоким инстинктом.

Peleó con impulso natural, pero también peleó con astucia.

Он сражался, руководствуясь природным инстинктом, но он также сражался и хитростью.

Cargó de nuevo como si repitiera su truco de ataque con el hombro.

Он снова бросился вперед, словно повторяя свой трюк с атакой плечом.

Pero en el último segundo, se agachó y pasó por debajo de Spitz.

Но в последнюю секунду он снизился и пронесся под Шпицем.

Sus dientes se clavaron en la pata delantera izquierda de Spitz con un chasquido.

Его зубы с грохотом сомкнулись на передней левой ноге Шпица.

Spitz ahora estaba inestable, con su peso sobre sólo tres patas.

Теперь Шпиц стоял неустойчиво, опираясь только на три ноги.

Buck atacó de nuevo e intentó derribarlo tres veces.

Бак снова нанес удар, трижды пытался его повалить.

En el cuarto intento utilizó el mismo movimiento con éxito.

В четвертой попытке он успешно применил тот же прием.

Esta vez Buck logró morder la pata derecha de Spitz.

На этот раз Баку удалось укусить Шпица за правую ногу.

Spitz, aunque lisiado y en agonía, siguió luchando por sobrevivir.

Шпиц, хотя и был искалечен и находился в агонии, продолжал бороться за выживание.

Vio que el círculo de huskies se estrechaba, con las lenguas afuera y los ojos brillantes.

Он увидел, как круг хаски сжался, высунув языки, и сверкнув глазами.

Esperaron para devorarlo, tal como habían hecho con los otros.

Они ждали, чтобы сожрать его, как и других.

Esta vez, él estaba en el centro; derrotado y condenado.

На этот раз он стоял в центре — побежденный и обреченный.

Ya no había opción de escapar para el perro blanco.

Теперь у белой собаки не было возможности сбежать.

Buck no mostró piedad, porque la piedad no pertenecía a la naturaleza.

Бэк не проявил милосердия, ибо милосердие не свойственно дикой природе.

Buck se movió con cuidado, preparándose para la carga final.

Бак двигался осторожно, готовясь к последней атаке.

El círculo de perros esquimales se cerró; sintió sus respiraciones cálidas.

Круг хаски сомкнулся; он чувствовал их теплое дыхание.

Se agacharon, preparados para saltar cuando llegara el momento.

Они пригнулись, готовые прыгнуть, когда наступит момент.

Spitz temblaba en la nieve, gruñendo y cambiando su postura.

Шпиц дрожал на снегу, рычал и менял позу.

Sus ojos brillaban, sus labios se curvaron y sus dientes brillaron en una amenaza desesperada.

Его глаза сверкали, губы искривились, зубы сверкали в отчаянной угрозе.

Se tambaleó, todavía intentando contener el frío mordisco de la muerte.

Он пошатнулся, все еще пытаясь удержаться от холодного укуса смерти.

Ya había visto esto antes, pero siempre desde el lado ganador.

Он уже видел подобное раньше, но всегда с победившей стороны.

Ahora estaba en el bando perdedor; el derrotado; la presa; la muerte.

Теперь он оказался на стороне проигравших; побежденный; добыча; смерть.

Buck voló en círculos para asestar el golpe final, mientras el círculo de perros se acercaba cada vez más.

Бэк сделал круг для последнего удара, кольцо собак сомкнулось.

Podía sentir sus respiraciones calientes; listas para matar.

Он чувствовал их горячее дыхание, готовясь к убийству.

Se hizo un silencio absoluto, todo estaba en su lugar, el tiempo se había detenido.

Наступила тишина; все стало на свои места; время остановилось.

Incluso el aire frío entre ellos se congeló por un último momento.

Даже холодный воздух между ними застыл на один последний миг.

Sólo Spitz se movió, intentando contener su amargo final.

Только Шпиц пошевелился, пытаясь отсрочить свой горький конец.

El círculo de perros se iba cerrando a su alrededor, tal como era su destino.

Круг собак смыкался вокруг него, как и его судьба.

Ahora estaba desesperado, sabiendo lo que estaba a punto de suceder.

Теперь он был в отчаянии, зная, что сейчас произойдет.

Buck saltó y hombro con hombro chocó una última vez.

Бак прыгнул вперед, столкнувшись плечом с плечом в последний раз.

Los perros se lanzaron hacia adelante, cubriendo a Spitz en la oscuridad nevada.

Собаки ринулись вперед, скрывая Шпица в снежной темноте.

Buck observaba, erguido, vencedor en un mundo salvaje.

Бак наблюдал, стоя во весь рост; победитель в диком мире.

La bestia primordial dominante había cometido su asesinato, y fue bueno.

Доминирующий первобытный зверь совершил свою добычу, и это было хорошо.

Aquel que ha alcanzado la maestría
Тот, кто достиг мастерства

¿Eh? ¿Qué dije? Digo la verdad cuando digo que Buck es un demonio.
«Э? Что я сказал? Я говорю правду, когда говорю, что Бак — дьявол».

François dijo esto a la mañana siguiente después de descubrir que Spitz había desaparecido.
Франсуа сказал это на следующее утро, обнаружив пропажу Шпица.

Buck permaneció allí, cubierto de heridas por la feroz pelea.
Бак стоял там, покрытый ранами, полученными в жестокой схватке.

François acercó a Buck al fuego y señaló las heridas.
Франсуа подтащил Бака к огню и указал на раны.

"Ese Spitz peleó como Devik", dijo Perrault, mirando los profundos cortes.
«Этот Шпиц сражался как Девик», — сказал Перро, разглядывая глубокие раны.

—Y ese Buck peleó como dos demonios —respondió François inmediatamente.
«И этот Бак дрался как два дьявола», — тут же ответил Франсуа.

"Ahora iremos a buen ritmo; no más Spitz, no más problemas".
«Теперь мы отлично проведем время; больше никаких шпицев, никаких проблем».

Perrault estaba empacando el equipo y cargando el trineo con cuidado.
Перро бережно упаковывал вещи и грузил сани.

François enjaezó a los perros para prepararlos para la carrera del día.
Франсуа запряг собак, готовясь к дневному забегу.

Buck trotó directamente a la posición de liderazgo que alguna vez ocupó Spitz.

Бак рысью помчался прямо на лидирующую позицию, которую когда-то занимал Шпиц.

Pero François, sin darse cuenta, condujo a Solleks hacia el frente.

Но Франсуа, не заметив этого, повел Соллекса вперед.

A juicio de François, Solleks era ahora el mejor perro guía.

По мнению Франсуа, Соллекс теперь был лучшим вожаком.

Buck se abalanzó furioso sobre Solleks y lo hizo retroceder en protesta.

Бак в ярости набросился на Соллекса и в знак протеста отбросил его назад.

Se situó en el mismo lugar que una vez estuvo Spitz, ocupando la posición de liderazgo.

Он встал там, где когда-то стоял Шпиц, заняв лидирующую позицию.

—¿Eh? ¿Eh? —gritó François, dándose palmadas en los muslos, divertido.

«А? А?» — воскликнул Франсуа, хлопая себя по бедрам от удовольствия.

—Mira a Buck. Mató a Spitz y ahora quiere aceptar el trabajo.

«Посмотрите на Бака — он убил Шпица, теперь он хочет занять его место!»

—¡Vete, Chook! —gritó, intentando ahuyentar a Buck.

«Уходи, Чук!» — крикнул он, пытаясь отогнать Бака.

Pero Buck se negó a moverse y se mantuvo firme en la nieve.

Но Бак отказался двигаться и твердо стоял на снегу.

François agarró a Buck por la nuca y lo arrastró a un lado.

Франсуа схватил Бака за шиворот и оттащил его в сторону.

Buck gruñó bajo y amenazante, pero no atacó.

Бэк тихо и угрожающе зарычал, но не напал.

François puso a Solleks de nuevo en cabeza, intentando resolver la disputa.

Франсуа вернул Соллексу лидерство, пытаясь урегулировать спор

El perro viejo mostró miedo de Buck y no quería quedarse.

Старый пес проявил страх перед Бак и не захотел оставаться.

Cuando François le dio la espalda, Buck expulsó nuevamente a Solleks.

Когда Франсуа отвернулся, Бак снова выгнал Соллекса.

Solleks no se resistió y se hizo a un lado silenciosamente una vez más.

Соллекс не сопротивлялся и снова тихо отошел в сторону.

François se enojó y gritó: "¡Por Dios, te arreglo!"

Франсуа разозлился и закричал: «Клянусь Богом, я тебя прикончу!»

Se acercó a Buck sosteniendo un pesado garrote en su mano.

Он подошел к Бэку, держа в руке тяжелую дубинку.

Buck recordaba bien al hombre del suéter rojo.

Бак хорошо помнил человека в красном свитере.

Se retiró lentamente, observando a François, pero gruñendo profundamente.

Он медленно отступил, наблюдая за Франсуа и громко рыча.

No se apresuró a regresar, incluso cuando Solleks ocupó su lugar.

Он не бросился назад, даже когда Соллекс встал на его место.

Buck voló en círculos fuera de su alcance, gruñendo con furia y protesta.

Бак кружил где-то за пределами досягаемости, рыча от ярости и протеста.

Mantuvo la vista fija en el palo, dispuesto a esquivarlo si François lanzaba.

Он не сводил глаз с клюшки, готовый увернуться, если Франсуа сделает бросок.

Se había vuelto sabio y cauteloso en cuanto a las costumbres de los hombres con armas.

Он стал мудрее и осторожнее в обращении с людьми, имеющими оружие.

François se dio por vencido y llamó a Buck nuevamente a su antiguo lugar.

Франсуа сдался и снова позвал Бэка на его прежнее место.
Pero Buck retrocedió con cautela, negándose a obedecer la orden.
Но Бак осторожно отступил, отказавшись подчиниться приказу.
François lo siguió, pero Buck sólo retrocedió unos pasos más.
Франсуа последовал за ним, но Бак отступил лишь на несколько шагов.
Después de un tiempo, François arrojó el arma al suelo, frustrado.
Через некоторое время Франсуа в отчаянии бросил оружие.
Pensó que Buck tenía miedo de que le dieran una paliza y que iba a venir sin hacer mucho ruido.
Он думал, что Бак боится побоев и собирается уйти тихо.
Pero Buck no estaba evitando el castigo: estaba luchando por su rango.
Но Бак не избегал наказания — он боролся за звание.
Se había ganado el puesto de perro líder mediante una pelea a muerte.
Он заслужил место вожака, сражаясь не на жизнь, а на смерть.
No iba a conformarse con nada menos que ser el líder.
он не собирался соглашаться ни на что меньшее, чем быть лидером.

Perrault participó en la persecución para ayudar a atrapar al rebelde Buck.
Перро принял участие в погоне, чтобы помочь поймать мятежного Бака.
Juntos lo hicieron correr alrededor del campamento durante casi una hora.
Вместе они почти час водили его по лагерю.
Le lanzaron garrotes, pero Buck los esquivó hábilmente.
Они бросали в него дубинки, но Бак умело уклонялся от каждого удара.

Lo maldijeron a él, a sus padres, a sus descendientes y a cada cabello que tenía.
Они прокляли его, его предков, его потомков и каждый волос на нем.
Pero Buck sólo gruñó y se quedó fuera de su alcance.
Но Бак только зарычал в ответ и держался вне досягаемости.
Nunca intentó huir, sino que rodeó el campamento deliberadamente.
Он никогда не пытался убежать, а намеренно кружил вокруг лагеря.
Dejó claro que obedecería una vez que le dieran lo que quería.
Он ясно дал понять, что подчинится, как только ему дадут то, что он хочет.
François finalmente se sentó y se rascó la cabeza con frustración.
Наконец Франсуа сел и в отчаянии почесал голову.
Perrault miró su reloj, maldijo y murmuró algo sobre el tiempo perdido.
Перро посмотрел на часы, выругался и пробормотал что-то о потерянном времени.
Ya había pasado una hora cuando debían estar en el sendero.
Прошел уже час, когда они должны были выйти на тропу.
François se encogió de hombros tímidamente y miró al mensajero, quien suspiró derrotado.
Франсуа смущенно пожал плечами, глядя на курьера, который вздохнул, признавая свое поражение.
Entonces François se acercó a Solleks y llamó a Buck una vez más.
Затем Франсуа подошел к Соллексу и еще раз окликнул Бака.
Buck se rió como se ríe un perro, pero mantuvo una distancia cautelosa.
Бак рассмеялся, как собака, но сохранил осторожное расстояние.
François le quitó el arnés a Solleks y lo devolvió a su lugar.

Франсуа снял с Соллекса упряжь и вернул его на место.
El equipo de trineo estaba completamente arneses y solo había un lugar libre.
Упряжка саней была полностью запряжена, и только одно место оставалось свободным.
La posición de liderazgo quedó vacía, claramente destinada solo para Buck.
Лидирующая позиция осталась пустой, явно предназначенной для одного Бака.
François volvió a llamar, y nuevamente Buck rió y se mantuvo firme.
Франсуа снова позвал, и снова Бак рассмеялся и остался стоять на месте.
—Tira el garrote —ordenó Perrault sin dudarlo.
«Бросай дубинку», — не колеблясь, приказал Перро.
François obedeció y Buck inmediatamente trotó hacia adelante orgulloso.
Франсуа повиновался, и Бак тут же гордо потрусил вперед.
Se rió triunfante y asumió la posición de líder.
Он торжествующе рассмеялся и вышел на лидирующую позицию.
François aseguró sus correajes y el trineo se soltó.
Франсуа закрепил постромки, и сани отвязались.
Ambos hombres corrieron al lado del equipo mientras corrían hacia el sendero del río.
Оба мужчины бежали рядом, пока команда мчалась по речной тропе.
François tenía en alta estima a los "dos demonios" de Buck.
Франсуа был высокого мнения о «двух дьяволах» Бэка,
Pero pronto se dio cuenta de que en realidad había subestimado al perro.
но вскоре он понял, что на самом деле недооценил собаку.
Buck asumió rápidamente el liderazgo y trabajó con excelencia.
Бак быстро взял на себя руководство и проявил себя превосходно.

En juicio, pensamiento rápido y acción veloz, Buck superó a Spitz.

В рассудительности, быстроте мышления и действиях Бак превзошел Шпица.

François nunca había visto un perro igual al que Buck mostraba ahora.

Франсуа никогда не видел собаку, подобную той, которую сейчас демонстрировал Бак.

Pero Buck realmente sobresalía en imponer el orden e imponer respeto.

Но Бак действительно преуспел в поддержании порядка и завоевании уважения.

Dave y Solleks aceptaron el cambio sin preocupación ni protesta.

Дэйв и Соллекс приняли изменения без беспокойства или протеста.

Se concentraron únicamente en el trabajo y en tirar con fuerza de las riendas.

Они сосредоточились только на работе и на том, чтобы крепко держать поводья.

A ellos les importaba poco quién iba delante, siempre y cuando el trineo siguiera moviéndose.

Их мало заботило, кто идет впереди, лишь бы сани продолжали движение.

Billee, la alegre, podría haber liderado todo lo que a ellos les importaba.

Билли, жизнерадостный парень, мог бы быть лидером, если бы им было все равно.

Lo que les importaba era la paz y el orden en las filas.

Для них важен был мир и порядок в рядах.

El resto del equipo se había vuelto rebelde durante la decadencia de Spitz.

Остальная часть команды стала неуправляемой из-за упадка Шпица.

Se sorprendieron cuando Buck inmediatamente los puso en orden.

Они были шокированы, когда Бак немедленно призвал их к порядку.
Pike siempre había sido perezoso y arrastraba los pies detrás de Buck.
Пайк всегда был ленивым и еле волочил ноги за Баком.
Pero ahora el nuevo liderazgo lo ha disciplinado severamente.
Но теперь новое руководство приняло жесткие меры дисциплинарного воздействия.
Y rápidamente aprendió a aportar su granito de arena en el equipo.
И он быстро научился вносить свой вклад в команду.
Al final del día, Pike trabajó más duro que nunca.
К концу дня Пайк работал усерднее, чем когда-либо прежде.
Esa noche en el campamento, Joe, el perro amargado, finalmente fue sometido.
В ту ночь в лагере Джо, ворчливый пес, наконец-то был усмирен.
Spitz no logró disciplinarlo, pero Buck no falló.
Шпиц не сумел его дисциплинировать, но Бак не подвел.
Utilizando su mayor peso, Buck superó a Joe en segundos.
Используя свой больший вес, Бак за считанные секунды одолел Джо.
Mordió y golpeó a Joe hasta que gimió y dejó de resistirse.
Он кусал и избивал Джо до тех пор, пока тот не заскулил и не перестал сопротивляться.
Todo el equipo mejoró a partir de ese momento.
С этого момента вся команда пошла на поправку.
Los perros recuperaron su antigua unidad y disciplina.
Собаки вновь обрели прежнее единство и дисциплину.
En Rink Rapids, se unieron dos nuevos huskies nativos, Teek y Koona.
В Rink Rapids к ним присоединились две новые местные лайки — Тик и Куна.
El rápido entrenamiento que Buck les dio sorprendió incluso a François.

Быстрота, с которой Бак их обучил, удивила даже Франсуа.
"¡Nunca hubo un perro como ese Buck!" gritó con asombro.
«Никогда не было такой собаки, как этот Бак!» — воскликнул он в изумлении.
¡No, jamás! ¡Vale mil dólares, por Dios!
«Нет, никогда! Он стоит тысячу долларов, ей-богу!»
—¿Eh? ¿Qué dices, Perrault? —preguntó con orgullo.
«А? Что ты скажешь, Перро?» — спросил он с гордостью.
Perrault asintió en señal de acuerdo y revisó sus notas.
Перро кивнул в знак согласия и проверил свои записи.
Ya vamos por delante del cronograma y ganamos más cada día.
Мы уже опережаем график и добиваемся большего с каждым днем.
El sendero estaba duro y liso, sin nieve fresca.
Тропа была укатанной и ровной, без свежего снега.
El frío era constante, rondando los cincuenta grados bajo cero durante todo el tiempo.
Мороз был устойчивым, температура держалась на отметке в пятьдесят градусов ниже нуля.
Los hombres cabalgaban y corrían por turnos para entrar en calor y ganar tiempo.
Мужчины по очереди ехали и бежали, чтобы согреться и выиграть время.
Los perros corrían rápido, con pocas paradas y siempre avanzando.
Собаки бежали быстро, почти не останавливаясь, все время устремляясь вперед.
El río Thirty Mile estaba casi congelado y era fácil cruzarlo.
Река Тридцатая Миля почти полностью замерзла, и ее было легко пересечь.
Salieron en un día lo que habían tardado diez días en llegar.
Они ушли за один день, хотя на подготовку у них ушло десять дней.
Hicieron una carrera de sesenta millas desde el lago Le Barge hasta White Horse.

Они совершили шестидесятимильный рывок от озера Ле-Барж до Уайт-Хорс.
A través de los lagos Marsh, Tagish y Bennett se movieron increíblemente rápido.
Через озера Марш, Тагиш и Беннетт они двигались невероятно быстро.
El hombre corriendo remolcado detrás del trineo por una cuerda.
Бегущий человек тащил сани на веревке.
En la última noche de la segunda semana llegaron a su destino.
В последний вечер второй недели они добрались до места назначения.
Habían llegado juntos a la cima del Paso Blanco.
Вместе они достигли вершины Уайт-Пасс.
Descendieron al nivel del mar con las luces de Skaguay debajo de ellos.
Они снизились до уровня моря, а огни Скагуая остались внизу.
Había sido una carrera que estableció un récord a través de kilómetros de desierto frío.
Это был рекордный забег по многокилометровой холодной пустыне.
Durante catorce días seguidos, recorrieron un promedio de cuarenta millas.
В течение четырнадцати дней подряд они в среднем проходили по сорок миль.
En Skaguay, Perrault y François transportaban mercancías por la ciudad.
В Скагуае Перро и Франсуа перевозили грузы по городу.
Fueron aplaudidos y la multitud admirada les ofreció muchas bebidas.
Восхищенная толпа приветствовала их и предложила им множество напитков.
Los cazadores de perros y los trabajadores se reunieron alrededor del famoso equipo de perros.

Охотники за собаками и рабочие собрались вокруг знаменитой собачьей команды.

Luego, los forajidos del oeste llegaron a la ciudad y sufrieron una derrota violenta.

Затем в город пришли западные преступники и потерпели жестокое поражение.

La gente pronto se olvidó del equipo y se centró en un nuevo drama.

Люди вскоре забыли о команде и сосредоточились на новой драме.

Luego vinieron las nuevas órdenes que cambiaron todo de golpe.

Затем пришли новые приказы, которые сразу все изменили.

François llamó a Buck y lo abrazó con orgullo entre lágrimas.

Франсуа подозвал к себе Бэка и обнял его со слезами гордости.

Ese momento fue la última vez que Buck volvió a ver a François.

В этот момент Бак в последний раз видел Франсуа.

Como muchos hombres antes, tanto François como Perrault se habían ido.

Как и многие другие мужчины до него, Франсуа и Перро ушли из жизни.

Un mestizo escocés se hizo cargo de Buck y sus compañeros de equipo de perros de trineo.

Шотландский метис взял под опеку Бака и его товарищей по упряжке.

Con una docena de otros equipos de perros, regresaron por el sendero hasta Dawson.

Вместе с дюжиной других собачьих упряжек они вернулись по тропе в Доусон.

Ya no era una carrera rápida, solo un trabajo duro con una carga pesada cada día.

Теперь это был уже не быстрый бег, а просто тяжелый труд с тяжелым грузом каждый день.

Éste era el tren correo que llevaba noticias a los buscadores de oro cerca del Polo.
Это был почтовый поезд, доставляющий вести охотникам за золотом, находящимся у полюса.
A Buck no le gustaba el trabajo, pero lo soportaba bien y se enorgullecía de su esfuerzo.
Баку эта работа не нравилась, но он хорошо ее переносил, гордясь своими усилиями.
Al igual que Dave y Solleks, Buck mostró devoción por cada tarea diaria.
Подобно Дэйву и Соллексу, Бак проявлял преданность каждому ежедневному заданию.
Se aseguró de que cada uno de sus compañeros hiciera su parte.
Он следил за тем, чтобы каждый из его товарищей по команде выполнял свою часть работы.
La vida en el sendero se volvió aburrida, repetida con la precisión de una máquina.
Жизнь на тропе стала скучной и повторялась с точностью машины.
Cada día parecía igual, una mañana se fundía con la siguiente.
Каждый день был похож на предыдущий, одно утро сменялось другим.
A la misma hora, los cocineros se levantaron para hacer fogatas y preparar la comida.
В тот же час встали повара, чтобы развести костры и приготовить еду.
Después del desayuno, algunos abandonaron el campamento mientras otros enjaezaron los perros.
После завтрака некоторые покинули лагерь, а другие запрягли собак.
Se pusieron en marcha antes de que la tenue señal del amanecer tocara el cielo.
Они отправились в путь еще до того, как на небе забрезжили первые проблески рассвета.

Por la noche se detenían para acampar, cada hombre con una tarea determinada.
Ночью они остановились, чтобы разбить лагерь, и у каждого человека была определенная обязанность.

Algunos montaron tiendas de campaña, otros cortaron leña y recogieron ramas de pino.
Одни ставили палатки, другие рубили дрова и собирали сосновые ветки.

Se llevaba agua o hielo a los cocineros para la cena.
Воду или лед приносили поварам для вечернего приема пищи.

Los perros fueron alimentados y esta fue la mejor parte del día para ellos.
Собак покормили, и для них это была лучшая часть дня.

Después de comer pescado, los perros se relajaron y descansaron cerca del fuego.
Поев рыбы, собаки расслабились и расположились возле костра.

Había otros cien perros en el convoy con los que mezclarse.
В колонне было еще около сотни собак, с которыми можно было пообщаться.

Muchos de esos perros eran feroces y rápidos para pelear sin previo aviso.
Многие из этих собак были свирепы и бросались в драку без предупреждения.

Pero después de tres victorias, Buck dominó incluso a los luchadores más feroces.
Но после трех побед Бак одолел даже самых свирепых бойцов.

Cuando Buck gruñó y mostró los dientes, se hicieron a un lado.
Теперь, когда Бак зарычал и оскалил зубы, они отступили в сторону.

Quizás lo mejor de todo es que a Buck le encantaba tumbarse cerca de la fogata parpadeante.
Возможно, больше всего Бак нравилось лежать у мерцающего костра.

Se agachó con las patas traseras dobladas y las patas delanteras estiradas hacia adelante.
Он присел, поджав задние ноги и вытянув передние вперед.
Levantó la cabeza mientras parpadeaba suavemente ante las llamas brillantes.
Он поднял голову и тихонько моргнул, глядя на яркое пламя.
A veces recordaba la gran casa del juez Miller en Santa Clara.
Иногда он вспоминал большой дом судьи Миллера в Санта-Кларе.
Pensó en la piscina de cemento, en Ysabel y en el pug llamado Toots.
Он подумал о цементном бассейне, об Изабель и мопсе по кличке Тутс.
Pero más a menudo recordaba el garrote del hombre del suéter rojo.
Но чаще всего он вспоминал человека в красном свитере с дубинкой.
Recordó la muerte de Curly y su feroz batalla con Spitz.
Он вспомнил смерть Кёрли и его жестокую битву со Шпицем.
También recordó la buena comida que había comido o con la que aún soñaba.
Он также вспомнил вкусную еду, которую он ел или о которой все еще мечтал.
Buck no sentía nostalgia: el cálido valle era distante e irreal.
Бак не тосковал по дому — теплая долина была далекой и нереальной.
Los recuerdos de California ya no ejercían ninguna atracción sobre él.
Воспоминания о Калифорнии больше не имели над ним никакого влияния.
Más fuertes que la memoria eran los instintos profundos en su linaje.

Инстинкты, глубоко укоренившиеся в его роду, были сильнее памяти.

Los hábitos que una vez se habían perdido habían regresado, revividos por el camino y la naturaleza.

Вернулись некогда утраченные привычки, возрожденные тропой и дикой природой.

Mientras Buck observaba la luz del fuego, a veces se convertía en otra cosa.

Когда Бак смотрел на свет костра, он порой становился чем-то другим.

Vio a la luz del fuego otro fuego, más antiguo y más profundo que el actual.

В свете костра он увидел еще один огонь, более старый и глубокий, чем нынешний.

Junto a ese otro fuego se agazapaba un hombre que no se parecía en nada al cocinero mestizo.

Возле другого костра присел человек, непохожий на повара-полукровку.

Esta figura tenía piernas cortas, brazos largos y músculos duros y anudados.

У этой фигуры были короткие ноги, длинные руки и крепкие, узловатые мышцы.

Su cabello era largo y enmarañado, y caía hacia atrás desde los ojos.

Волосы у него были длинные и спутанные, зачесанные назад от глаз.

Hizo ruidos extraños y miró con miedo hacia la oscuridad.

Он издавал странные звуки и со страхом смотрел в темноту.

Sostenía agachado un garrote de piedra, firmemente agarrado con su mano larga y áspera.

Он держал каменную дубинку низко, крепко сжимая ее в своей длинной грубой руке.

El hombre vestía poco: sólo una piel carbonizada que le colgaba por la espalda.

На мужчине было мало одежды: только обугленная кожа свисала со спины.

Su cuerpo estaba cubierto de espeso vello en los brazos, el pecho y los muslos.
Его тело было покрыто густыми волосами на руках, груди и бедрах.
Algunas partes del cabello estaban enredadas en parches de pelaje áspero.
Некоторые части волос спутались в клочья грубой шерсти.
No se mantenía erguido, sino inclinado hacia delante desde las caderas hasta las rodillas.
Он не стоял прямо, а наклонился вперед от бедер до колен.
Sus pasos eran elásticos y felinos, como si estuviera siempre dispuesto a saltar.
Его шаги были пружинистыми и кошачьими, словно он всегда был готов к прыжку.
Había un estado de alerta agudo, como si viviera con miedo constante.
Он чувствовал острую настороженность, как будто жил в постоянном страхе.
Este hombre anciano parecía esperar el peligro, ya sea que lo viera o no.
Этот древний человек, казалось, ожидал опасности, независимо от того, была ли она заметна или нет.
A veces, el hombre peludo dormía junto al fuego, con la cabeza metida entre las piernas.
Иногда волосатый человек спал у огня, засунув голову между ног.
Sus codos descansaban sobre sus rodillas, sus manos entrelazadas sobre su cabeza.
Его локти опирались на колени, руки были сложены над головой.
Como un perro, usó sus brazos peludos para protegerse de la lluvia que caía.
Как собака, он использовал свои волосатые руки, чтобы защититься от падающего дождя.
Más allá de la luz del fuego, Buck vio dos brasas brillando en la oscuridad.

За светом костра Бак увидел два светящихся в темноте угля.
Siempre de dos en dos, eran los ojos de las bestias rapaces al acecho.
Всегда попарно, они были глазами преследующих их хищников.
Escuchó cuerpos chocando contra la maleza y ruidos en la noche.
Он слышал, как сквозь кусты пробираются тела, и какие-то звуки раздавались в ночи.
Acostado en la orilla del Yukón, parpadeando, Buck soñaba junto al fuego.
Лёжа на берегу Юкона и моргая, Бак мечтал у костра.
Las vistas y los sonidos de ese mundo salvaje le ponían los pelos de punta.
Виды и звуки этого дикого мира заставили его волосы встать дыбом.
El pelaje se le subió por la espalda, los hombros y el cuello.
Мех поднялся по его спине, плечам и шее.
Él gimió suavemente o emitió un gruñido bajo y profundo en su pecho.
Он тихонько скулил или издавал низкий рык глубоко в груди.
Entonces el cocinero mestizo gritó: "¡Oye, Buck, despierta!"
И тут повар-метис крикнул: «Эй, Бак, просыпайся!»
El mundo de los sueños desapareció y la vida real regresó a los ojos de Buck.
Мир грёз исчез, и в глазах Бака вновь заиграла реальная жизнь.
Iba a levantarse, estirarse y bostezar, como si acabara de despertar de una siesta.
Он собирался встать, потянуться и зевнуть, как будто проснулся.
El viaje fue duro, con el trineo del correo arrastrándose detrás de ellos.
Путешествие было тяжёлым, почтовые сани тащились за ними.

Las cargas pesadas y el trabajo duro agotaban a los perros cada largo día.
Тяжелые грузы и тяжелая работа изнуряли собак каждый долгий день.
Llegaron a Dawson delgados, cansados y necesitando más de una semana de descanso.
Они добрались до Доусона истощенными, уставшими и нуждавшимися в недельном отдыхе.
Pero sólo dos días después, emprendieron nuevamente el descenso por el Yukón.
Но всего через два дня они снова двинулись вниз по Юкону.
Estaban cargados con más cartas destinadas al mundo exterior.
Они были загружены письмами, предназначенными для внешнего мира.
Los perros estaban exhaustos y los hombres se quejaban constantemente.
Собаки были измотаны, а люди постоянно жаловались.
La nieve caía todos los días, suavizando el camino y ralentizando los trineos.
Снег падал каждый день, размывая тропу и замедляя движение саней.
Esto provocó que el tirón fuera más difícil y hubo más resistencia para los corredores.
Это приводило к более сильному натяжению и большему сопротивлению полозьев.
A pesar de eso, los pilotos fueron justos y se preocuparon por sus equipos.
Несмотря на это, гонщики были справедливы и заботились о своих командах.
Cada noche, los perros eran alimentados antes de que los hombres pudieran comer.
Каждый вечер собак кормили до того, как приступать к еде получали мужчины.
Ningún hombre duerme sin antes revisar las patas de su propio perro.

Ни один человек не ложится спать, не проверив лапы своей собаки.

Aún así, los perros se fueron debilitando a medida que los kilómetros iban desgastando sus cuerpos.

Тем не менее, собаки слабели по мере того, как мили изнуряли их.

Habían viajado mil ochocientas millas durante el invierno.

За зиму они прошли тысячу восемьсот миль.

Tiraron de trineos a lo largo de cada milla de esa brutal distancia.

Они тащили сани через каждую милю этого сурового расстояния.

Incluso los perros de trineo más resistentes sienten tensión después de tantos kilómetros.

Даже самые выносливые ездовые собаки чувствуют усталость после стольких миль.

Buck aguantó, mantuvo a su equipo trabajando y mantuvo la disciplina.

Бак держался, заставлял свою команду работать и поддерживал дисциплину.

Pero Buck estaba cansado, al igual que los demás en el largo viaje.

Но Бак устал, как и все остальные, проделавшие долгий путь.

Billee gemía y lloraba mientras dormía todas las noches sin falta.

Билли каждую ночь скулил и плакал во сне.

Joe se volvió aún más amargado y Solleks se mantuvo frío y distante.

Джо стал еще более озлобленным, а Соллекс оставался холодным и отстраненным.

Pero fue Dave quien sufrió más de todo el equipo.

Но больше всех из всей команды пострадал Дэйв.

Algo había ido mal dentro de él, aunque nadie sabía qué.

Что-то внутри него пошло не так, хотя никто не знал, что именно.

Se volvió más malhumorado y les gritaba a los demás con creciente enojo.
Он стал более угрюмым и с нарастающим гневом огрызался на других.
Cada noche iba directo a su nido, esperando ser alimentado.
Каждую ночь он шел прямо в свое гнездо, ожидая, когда его покормят.
Una vez que cayó, Dave no se levantó hasta la mañana.
Оказавшись внизу, Дэйв не вставал до утра.
En las riendas, tirones o arranques repentinos le hacían gritar de dolor.
Внезапные рывки или толчки вожжей заставляли его кричать от боли.
Su conductor buscó la causa, pero no encontró heridos.
Его водитель искал причину, но не обнаружил у него никаких травм.
Todos los conductores comenzaron a observar a Dave y discutieron su caso.
Все водители стали наблюдать за Дэйвом и обсуждать его случай.
Hablaron durante las comidas y durante el último cigarrillo del día.
Они разговаривали за едой и во время последней за день выкуренной сигареты.
Una noche tuvieron una reunión y llevaron a Dave al fuego.
Однажды ночью они провели собрание и привели Дэйва к огню.
Le apretaron y le palparon el cuerpo, y él gritaba a menudo.
Они надавливали и ощупывали его тело, и он часто кричал.
Estaba claro que algo iba mal, aunque no parecía haber ningún hueso roto.
Очевидно, что-то было не так, хотя кости, похоже, не были сломаны.
Cuando llegaron a Cassiar Bar, Dave se estaba cayendo.
К тому времени, как они добрались до бара «Кассиар», Дэйв начал падать.

El mestizo escocés pidió un alto y eliminó a Dave del equipo.
Шотландский полукровка объявил остановку и исключил Дэйва из команды.
Sujetó a Solleks en el lugar de Dave, más cerca del frente del trineo.
Он пристегнул «Соллекс» на место Дэйва, ближе к передней части саней.
Su intención era dejar que Dave descansara y corriera libremente detrás del trineo en movimiento.
Он хотел дать Дэйву отдохнуть и свободно побежать за движущимися санями.
Pero incluso estando enfermo, Dave odiaba que lo sacaran del trabajo que había tenido.
Но даже будучи больным, Дэйв ненавидел, когда его лишали работы, которой он владел.
Gruñó y gimió cuando le quitaron las riendas del cuerpo.
Он зарычал и заскулил, когда поводья выдернули из его тела.
Cuando vio a Solleks en su lugar, lloró con el corazón roto.
Когда он увидел Соллекса на своем месте, он заплакал от разрыва сердца.
El orgullo por el trabajo en los senderos estaba profundamente arraigado en Dave, incluso cuando se acercaba la muerte.
Гордость за пройденный путь не покидала Дэйва даже перед лицом приближающейся смерти.
Mientras el trineo se movía, Dave se tambaleaba sobre la nieve blanda cerca del sendero.
Пока сани двигались, Дэйв барахтался в рыхлом снегу возле тропы.
Atacó a Solleks, mordiéndolo y empujándolo desde el costado del trineo.
Он напал на Соллекса, кусая и отталкивая его от саней.
Dave intentó saltar al arnés y recuperar su lugar de trabajo.
Дэйв попытался запрыгнуть в упряжь и вернуть себе рабочее место.

Gritó, se quejó y lloró, dividido entre el dolor y el orgullo por el trabajo.
Он визжал, скулил и плакал, разрываясь между болью и гордостью за роды.
El mestizo usó su látigo para intentar alejar a Dave del equipo.
Метис использовал свой хлыст, чтобы попытаться отогнать Дэйва от команды.
Pero Dave ignoró el látigo y el hombre no pudo golpearlo más fuerte.
Но Дэйв проигнорировал удар, и мужчина не смог ударить его сильнее.
Dave rechazó el camino más fácil detrás del trineo, donde la nieve estaba acumulada.
Дэйв отказался от более легкого пути за санями, где был утрамбованный снег.
En cambio, luchaba en la nieve profunda junto al sendero, en la miseria.
Вместо этого он в отчаянии барахтался в глубоком снегу рядом с тропой.
Finalmente, Dave se desplomó, quedó tendido en la nieve y aullando de dolor.
В конце концов Дэйв рухнул на снег и завыл от боли.
Gritó cuando el largo tren de trineos pasó a su lado uno por uno.
Он вскрикнул, когда длинный караван саней проезжал мимо него один за другим.
Aún con las fuerzas que le quedaban, se levantó y tropezó tras ellos.
Но, собрав последние силы, он поднялся и, спотыкаясь, пошёл за ними.
Lo alcanzó cuando el tren se detuvo nuevamente y encontró su viejo trineo.
Он догнал его, когда поезд снова остановился, и нашел свои старые сани.
Pasó junto a los otros equipos y se quedó de nuevo al lado de Solleks.

Он протиснулся мимо других команд и снова встал рядом с Соллексом.

Cuando el conductor se detuvo para encender su pipa, Dave aprovechó su última oportunidad.

Пока водитель останавливался, чтобы раскурить трубку, Дэйв воспользовался своим последним шансом.

Cuando el conductor regresó y gritó, el equipo no avanzó.

Когда водитель вернулся и крикнул, команда не двинулась дальше.

Los perros habían girado la cabeza, confundidos por la parada repentina.

Собаки повернули головы, сбитые с толку внезапной остановкой.

El conductor también estaba sorprendido: el trineo no se había movido ni un centímetro hacia adelante.

Водитель тоже был шокирован — сани не сдвинулись ни на дюйм вперед.

Llamó a los demás para que vinieran a ver qué había sucedido.

Он позвал остальных посмотреть, что случилось.

Dave había mordido las riendas de Solleks, rompiéndolas ambas.

Дэйв перегрыз поводья Соллекса, сломав их пополам.

Ahora estaba de pie frente al trineo, nuevamente en su posición correcta.

Теперь он стоял перед санями, снова заняв свое законное место.

Dave miró al conductor y le rogó en silencio que se mantuviera en el carril.

Дэйв посмотрел на водителя, молча умоляя его не съезжать с трассы.

El conductor estaba desconcertado, sin saber qué hacer con el perro que luchaba.

Водитель был озадачен, не зная, что делать с борющейся собакой.

Los otros hombres hablaron de perros que habían muerto al ser sacados a la calle.

Другие мужчины говорили о собаках, которые погибли из-за того, что их вывели на улицу.

Contaron sobre perros viejos o heridos cuyo corazón se rompió al ser abandonados.

Они рассказывали о старых или раненых собаках, чьи сердца разрывались, когда их оставляли дома.

Estuvieron de acuerdo en que era una misericordia dejar que Dave muriera mientras aún estaba en su arnés.

Они согласились, что было бы милосердием позволить Дэйву умереть, все еще находясь в своей упряжи.

Lo volvieron a sujetar al trineo y Dave tiró con orgullo.

Его снова пристегнули к саням, и Дэйв с гордостью потянул их.

Aunque a veces gritaba, trabajaba como si el dolor pudiera ignorarse.

Хотя он иногда и кричал, он работал так, как будто боль можно было игнорировать.

Más de una vez se cayó y fue arrastrado antes de levantarse de nuevo.

Не раз он падал, и его тащили, прежде чем он снова поднялся.

Un día, el trineo pasó por encima de él y desde ese momento empezó a cojear.

Однажды сани перевернулись через него, и с тех пор он хромал.

Aún así, trabajó hasta llegar al campamento y luego se acostó junto al fuego.

Тем не менее он работал, пока не добрался до лагеря, а затем лег у костра.

Por la mañana, Dave estaba demasiado débil para viajar o incluso mantenerse en pie.

К утру Дэйв был слишком слаб, чтобы идти или даже стоять прямо.

En el momento de preparar el arnés, intentó alcanzar a su conductor con un esfuerzo tembloroso.

Когда пришло время запрягать лошадей, он с дрожью в голосе попытался дотянуться до водителя.

Se obligó a levantarse, se tambaleó y se desplomó sobre el suelo nevado.

Он заставил себя подняться, пошатнулся и рухнул на заснеженную землю.

Utilizando sus patas delanteras, arrastró su cuerpo hacia el área del arnés.

Используя передние ноги, он подтащил свое тело к месту упряжи.

Avanzó poco a poco, centímetro a centímetro, hacia los perros de trabajo.

Он продвигался вперед, дюйм за дюймом, по направлению к рабочим собакам.

Sus fuerzas se acabaron, pero siguió avanzando en su último y desesperado esfuerzo.

Его силы иссякли, но он продолжал двигаться в своем последнем отчаянном рывке.

Sus compañeros de equipo lo vieron jadeando en la nieve, todavía deseando unirse a ellos.

Его товарищи по команде видели, как он задыхался в снегу, все еще жаждая присоединиться к ним.

Lo oyeron aullar de dolor mientras dejaban atrás el campamento.

Они услышали, как он завыл от горя, когда они покинули лагерь.

Cuando el equipo desapareció entre los árboles, el grito de Dave resonó detrás de ellos.

Когда команда скрылась за деревьями, позади них раздался крик Дэйва.

El tren de trineos se detuvo brevemente después de cruzar un tramo de bosque junto al río.

Санный поезд ненадолго остановился, перейдя через участок речного леса.

El mestizo escocés caminó lentamente de regreso hacia el campamento que estaba detrás.

Шотландец-метис медленно побрел обратно к лагерю.

Los hombres dejaron de hablar cuando lo vieron salir del tren de trineos.

Мужчины замолчали, увидев, как он выходит из саней.
Entonces un único disparo se oyó claro y nítido en el camino.
Затем над тропой раздался ясный и резкий выстрел.
El hombre regresó rápidamente y ocupó su lugar sin decir palabra.
Мужчина быстро вернулся и, не сказав ни слова, занял свое место.
Los látigos crujieron, las campanas tintinearon y los trineos rodaron por la nieve.
Защелкали кнуты, зазвенели колокольчики, и сани покатились по снегу.
Pero Buck sabía lo que había sucedido... y todos los demás perros también.
Но Бак знал, что произошло, как и все остальные собаки.

El trabajo de las riendas y el sendero
Труды вожжей и следа

Treinta días después de salir de Dawson, el Salt Water Mail llegó a Skaguay.
Через тридцать дней после выхода из Доусона почта «Солт-Уотер» достигла Скагуая.
Buck y sus compañeros tomaron la delantera, llegando en lamentables condiciones.
Бак и его товарищи по команде вырвались вперед, но прибыли в плачевном состоянии.
Buck había bajado de ciento cuarenta a ciento quince libras.
Бак похудел со ста сорока до ста пятнадцати фунтов.
Los otros perros, aunque más pequeños, habían perdido aún más peso corporal.
Другие собаки, хотя и были меньше, потеряли еще больше веса.
Pike, que antes fingía cojear, ahora arrastraba tras él una pierna realmente herida.
Пайк, когда-то притворявшийся хромым, теперь волочил за собой по-настоящему травмированную ногу.
Solleks cojeaba mucho y Dub tenía un omóplato torcido.
Соллекс сильно хромал, а у Даба была вывихнута лопатка.
Todos los perros del equipo tenían las patas doloridas por las semanas que pasaron en el sendero helado.
У всех собак в команде были стерты ноги после недель ходьбы по замерзшей тропе.
Ya no tenían resorte en sus pasos, sólo un movimiento lento y arrastrado.
В их шагах не осталось никакой пружины, только медленное, волочащееся движение.
Sus pies golpeaban el sendero con fuerza y cada paso añadía más tensión a sus cuerpos.
Их ноги тяжело ступали по тропе, и каждый шаг добавлял телу дополнительную нагрузку.
No estaban enfermos, sólo agotados más allá de toda recuperación natural.

Они не были больны, просто истощены настолько, что не могли восстановиться естественным путем.

No era el cansancio de un día duro que se curaba con una noche de descanso.

Это не была усталость от одного тяжелого дня, излечившаяся ночным отдыхом.

Fue un agotamiento acumulado lentamente a lo largo de meses de esfuerzo agotador.

Это было истощение, постепенно нараставшее в течение месяцев изнурительных усилий.

No quedaban reservas de fuerza: habían agotado todas las que tenían.

Резервных сил не осталось — они израсходовали все, что имели.

Cada músculo, fibra y célula de sus cuerpos estaba gastado y desgastado.

Каждая мышца, волокно и клетка в их телах были истощены и изношены.

Y había una razón: habían recorrido dos mil quinientas millas.

И на то была причина — они преодолели две с половиной тысячи миль.

Habían descansado sólo cinco días durante las últimas mil ochocientas millas.

За последние тысячу восемьсот миль они отдыхали всего пять дней.

Cuando llegaron a Skaguay, parecían apenas capaces de mantenerse en pie.

Когда они добрались до Скагуая, они едва могли стоять на ногах.

Se esforzaron por mantener las riendas tensas y permanecer delante del trineo.

Им с трудом удавалось удерживать вожжи натянутыми и оставаться впереди саней.

En las bajadas sólo lograron evitar ser atropellados.

На спусках им удавалось лишь избегать наездов.

"Sigan adelante, pobres pies doloridos", dijo el conductor mientras cojeaban.

«Идите вперед, бедные, больные ноги», — сказал водитель, пока они хромали.

"Este es el último tramo, luego todos tendremos un largo descanso, seguro".

«Это последний отрезок пути, а потом нам всем обязательно предстоит долгий отдых».

"Un descanso verdaderamente largo", prometió mientras los observaba tambalearse hacia adelante.

«Один по-настоящему долгий отдых», — пообещал он, наблюдая, как они, пошатываясь, идут вперед.

Los conductores esperaban que ahora tuvieran un descanso largo y necesario.

Водители рассчитывали, что теперь им предоставят длительный и столь необходимый перерыв.

Habían recorrido mil doscientas millas con sólo dos días de descanso.

Они прошли тысячу двести миль, отдохнув всего два дня.

Por justicia y razón, sintieron que se habían ganado tiempo para relajarse.

По справедливости и здравому смыслу они посчитали, что заслужили время для отдыха.

Pero eran demasiados los que habían llegado al Klondike y muy pocos los que se habían quedado en casa.

Но слишком многие приехали на Клондайк, и слишком немногие остались дома.

Las cartas de las familias llegaron en masa, creando montañas de correo retrasado.

Письма от семей хлынули потоком, создавая горы задержанной почты.

Llegaron órdenes oficiales: nuevos perros de la Bahía de Hudson tomarían el control.

Поступил официальный приказ — на смену собакам Гудзонова залива пришли новые.

Los perros exhaustos, ahora llamados inútiles, debían ser eliminados.

Измученных собак, которых теперь называли бесполезными, подлежали уничтожению.

Como el dinero importaba más que los perros, los iban a vender a bajo precio.

Поскольку деньги значили больше, чем собаки, их собирались продать по дешёвке.

Pasaron tres días más antes de que los perros sintieran lo débiles que estaban.

Прошло еще три дня, прежде чем собаки почувствовали, насколько они слабы.

En la cuarta mañana, dos hombres de Estados Unidos compraron todo el equipo.

На четвертое утро двое мужчин из Штатов выкупили всю команду.

La venta incluía todos los perros, además de sus arneses usados.

В продажу были включены все собаки, а также их изношенная упряжь.

Los hombres se llamaban entre sí "Hal" y "Charles" mientras completaban el trato.

Завершая сделку, мужчины называли друг друга «Хэл» и «Чарльз».

Charles era un hombre de mediana edad, pálido, con labios flácidos y puntas de bigote feroces.

Чарльз был человеком средних лет, бледным, с вялыми губами и жесткими кончиками усов.

Hal era un hombre joven, de unos diecinueve años, que llevaba un cinturón lleno de cartuchos.

Хэл был молодым человеком лет девятнадцати, носившим пояс, набитый патронами.

El cinturón contenía un gran revólver y un cuchillo de caza, ambos sin usar.

На поясе висели большой револьвер и охотничий нож, оба неиспользованные.

Esto demostró lo inexperto e inadecuado que era para la vida en el norte.

Это показало, насколько он неопытен и неприспособлен к жизни на Севере.

Ninguno de los dos pertenecía a la naturaleza; su presencia desafiaba toda razón.

Ни один из них не принадлежал дикой природе; их присутствие противоречило всякому здравому смыслу.

Buck observó cómo el dinero intercambiaba manos entre el comprador y el agente.

Бак наблюдал, как деньги передавались из рук в руки между покупателем и агентом.

Sabía que los conductores de trenes correos abandonaban su vida como el resto.

Он знал, что машинисты почтовых поездов покидают его жизнь, как и все остальные.

Siguieron a Perrault y a François, ahora desaparecidos sin posibilidad de recuperación.

Они последовали за Перро и Франсуа, которых теперь уже невозможно вспомнить.

Buck y el equipo fueron conducidos al descuidado campamento de sus nuevos dueños.

Бака и команду отвели в грязный лагерь их новых владельцев.

La tienda se hundía, los platos estaban sucios y todo estaba desordenado.

Палатка провисла, посуда была грязной, все лежало в беспорядке.

Buck también notó que había una mujer allí: Mercedes, la esposa de Charles y hermana de Hal.

Бак заметил там еще одну женщину — Мерседес, жену Чарльза и сестру Хэла.

Formaban una familia completa, aunque no eran aptos para el recorrido.

Они были полноценной семьей, хотя и не совсем подходили для похода.

Buck observó nervioso cómo el trío comenzó a empacar los suministros.

Бак нервно наблюдал, как троица начала упаковывать припасы.

Trabajaron duro, pero sin orden: sólo alboroto y esfuerzos desperdiciados.

Они работали усердно, но без всякого порядка — только суета и напрасная трата сил.

La tienda estaba enrollada hasta formar un volumen demasiado grande para el trineo.

Палатка была свернута в громоздкую форму, слишком большую для саней.

Los platos sucios se empaquetaron sin limpiarlos ni secarlos.

Грязную посуду упаковывали, не вымыв и не высушивая.

Mercedes revoloteaba por todos lados, hablando, corrigiendo y entrometiéndose constantemente.

Мерседес порхала вокруг, постоянно что-то говоря, поправляя и вмешиваясь.

Cuando le ponían un saco en el frente, ella insistía en que lo pusieran en la parte de atrás.

Когда мешок положили спереди, она настояла, чтобы его повесили сзади.

Metió la bolsa en el fondo y al siguiente momento la necesitó.

Она положила мешок на дно, и в следующий момент он ей понадобился.

De esta manera, el trineo fue desempaquetado nuevamente para alcanzar la bolsa específica.

Поэтому сани пришлось снова распаковать, чтобы добраться до одной конкретной сумки.

Cerca de allí, tres hombres estaban parados afuera de una tienda de campaña, observando cómo se desarrollaba la escena.

Неподалеку от палатки стояли трое мужчин, наблюдая за происходящим.

Sonrieron, guiñaron el ojo y sonrieron ante la evidente confusión de los recién llegados.

Они улыбались, подмигивали и ухмылялись, видя явное замешательство новичков.

"Ya tienes una carga bastante pesada", dijo uno de los hombres.

«У тебя и так уже тяжелый груз», — сказал один из мужчин.

"No creo que debas llevar esa tienda de campaña, pero es tu elección".

«Я не думаю, что тебе следует нести эту палатку, но это твой выбор».

"¡Inimaginable!", exclamó Mercedes levantando las manos con desesperación.

«Невероятно!» — воскликнула Мерседес, в отчаянии всплеснув руками.

"¿Cómo podría viajar sin una tienda de campaña donde refugiarme?"

«Как я смогу путешествовать без палатки, под которой можно было бы ночевать?»

"Es primavera, ya no volverás a ver el frío", respondió el hombre.

«Наступила весна, холодов больше не будет», — ответил мужчина.

Pero ella meneó la cabeza y ellos siguieron apilando objetos en el trineo.

Но она покачала головой, и они продолжили складывать вещи на сани.

La carga se elevó peligrosamente a medida que añadían los últimos elementos.

Когда они добавили последние вещи, груз поднялся опасно высоко.

"¿Crees que el trineo se deslizará?" preguntó uno de los hombres con mirada escéptica.

«Как думаешь, сани поедут?» — спросил один из мужчин со скептическим видом.

"¿Por qué no debería?", replicó Charles con gran fastidio.

«Почему бы и нет?» — резко возразил Чарльз.

—Está bien —dijo rápidamente el hombre, alejándose un poco de la ofensa.

«О, все в порядке», — быстро сказал мужчина, уходя от обиды.

"Solo me preguntaba, me pareció que tenía la parte superior demasiado pesada".

«Я просто задался вопросом — мне показалось, что верхняя часть слишком перегружена».

Charles se dio la vuelta y ató la carga lo mejor que pudo.

Чарльз отвернулся и привязал груз так крепко, как только мог.

Pero las ataduras estaban sueltas y el embalaje en general estaba mal hecho.

Однако крепления были ослаблены, а упаковка в целом была выполнена плохо.

"Claro, los perros tirarán de eso todo el día", dijo otro hombre con sarcasmo.

«Конечно, собаки будут тащить это весь день», — саркастически заметил другой мужчина.

—Por supuesto —respondió Hal con frialdad, agarrando el largo palo del trineo.

«Конечно», — холодно ответил Хэл, хватаясь за длинную дышло саней.

Con una mano en el poste, blandía el látigo con la otra.

Держа одну руку на шесте, он размахивал кнутом в другой руке.

"¡Vamos!", gritó. "¡Muévanse!", instando a los perros a empezar.

«Пошли!» — крикнул он. «Пошевеливайся!» — подгоняя собак.

Los perros se inclinaron hacia el arnés y se tensaron durante unos instantes.

Собаки напряглись и несколько мгновений напрягались.

Entonces se detuvieron, incapaces de mover ni un centímetro el trineo sobrecargado.

Затем они остановились, не в силах сдвинуть перегруженные сани ни на дюйм.

—¡Esos brutos perezosos! —gritó Hal, levantando el látigo para golpearlos.

«Ленивые скоты!» — закричал Хэл, занося кнут, чтобы ударить их.

Pero Mercedes entró corriendo y le arrebató el látigo de las manos a Hal.

Но Мерседес ворвалась и выхватила хлыст из рук Хэла.

—Oh, Hal, no te atrevas a hacerles daño —gritó alarmada.

«О, Хэл, не смей причинять им боль», — встревоженно закричала она.

"Prométeme que serás amable con ellos o no daré un paso más".

«Пообещай мне, что будешь добр к ним, иначе я не сделаю ни шагу».

—No sabes nada de perros —le espetó Hal a su hermana.

«Ты ничего не знаешь о собаках», — рявкнул Хэл на сестру.

"Son perezosos y la única forma de moverlos es azotándolos".

«Они ленивы, и единственный способ их сдвинуть с места — это хлестать».

"Pregúntale a cualquiera, pregúntale a uno de esos hombres de allí si dudas de mí".

«Спросите любого — спросите одного из тех мужчин, если вы сомневаетесь во мне».

Mercedes miró a los espectadores con ojos suplicantes y llorosos.

Мерседес смотрела на зрителей умоляющими, полными слез глазами.

Su rostro mostraba lo profundamente que odiaba ver cualquier dolor.

По ее лицу было видно, как сильно она ненавидела вид любой боли.

"Están débiles, eso es todo", dijo un hombre. "Están agotados".

«Они слабы, вот и все», — сказал один мужчина. «Они измотаны».

"Necesitan descansar, han trabajado demasiado tiempo sin descansar".

«Им нужен отдых — они слишком долго работали без перерыва».

—Maldito sea el resto —murmuró Hal con el labio curvado.

«Будь проклят остальной мир», — пробормотал Хэл, скривив губы.

Mercedes jadeó, visiblemente dolida por la grosera palabra que pronunció.

Мерседес ахнула, явно задетая его грубым словом.

Aún así, ella se mantuvo leal y defendió instantáneamente a su hermano.

Тем не менее, она осталась верна брату и сразу же встала на его защиту.

—No le hagas caso a ese hombre —le dijo a Hal—. Son nuestros perros.

«Не обращай внимания на этого человека», — сказала она Хэлу. «Это наши собаки».

"Los conduces como mejor te parezca, haz lo que creas correcto".

«Вы управляете ими так, как считаете нужным, — делаете то, что считаете правильным».

Hal levantó el látigo y volvió a golpear a los perros sin piedad.

Хэл поднял хлыст и снова безжалостно ударил собак.

Se lanzaron hacia adelante, con el cuerpo agachado y los pies hundidos en la nieve.

Они бросились вперед, пригнувшись и упираясь ногами в снег.

Ponían toda su fuerza en tirar, pero el trineo no se movía.

Все силы были брошены на то, чтобы тянуть сани, но они не двигались с места.

El trineo quedó atascado, como un ancla congelada en la nieve compacta.

Сани застряли, словно якорь, вмерзший в утрамбованный снег.

Tras un segundo esfuerzo, los perros se detuvieron de nuevo, jadeando con fuerza.

После второй попытки собаки снова остановились, тяжело дыша.

Hal levantó el látigo una vez más, justo cuando Mercedes interfirió nuevamente.

Хэл снова поднял хлыст, но тут снова вмешалась Мерседес.

Ella cayó de rodillas frente a Buck y abrazó su cuello.

Она опустилась на колени перед Баком и обняла его за шею.

Las lágrimas llenaron sus ojos mientras le suplicaba al perro exhausto.

Слезы наполнили ее глаза, когда она умоляла измученную собаку.

"Pobres queridos", dijo, "¿por qué no tiran más fuerte?"

«Бедняжки, — сказала она, — почему бы вам просто не потянуть сильнее?»

"Si tiras, no te azotarán así".

«Если ты потянешь, то тебя не будут так хлестать».

A Buck no le gustaba Mercedes, pero estaba demasiado cansado para resistirse a ella ahora.

Бэку не нравилась Мерседес, но он слишком устал, чтобы сопротивляться ей.

Él aceptó sus lágrimas como una parte más de ese día miserable.

Он воспринял ее слезы как еще одну часть этого ужасного дня.

Uno de los hombres que observaban finalmente habló después de contener su ira.

Один из наблюдавших за происходящим мужчин наконец заговорил, сдерживая свой гнев.

"No me importa lo que les pase a ustedes, pero esos perros importan".

«Мне все равно, что с вами случится, но эти собаки имеют значение».

"Si quieres ayudar, suelta ese trineo: está congelado hasta la nieve".

«Если хочешь помочь, отцепи эти сани — они примерзли к снегу».

"Presiona con fuerza el polo G, derecha e izquierda, y rompe el sello de hielo".

«Надавите на столб справа и слева и сломайте ледяную корку».

Se hizo un tercer intento, esta vez siguiendo la sugerencia del hombre.

Третья попытка была предпринята, на этот раз по предложению мужчины.

Hal balanceó el trineo de un lado a otro, soltando los patines.

Хэл раскачивал сани из стороны в сторону, отчего полозья расшатывались.

El trineo, aunque sobrecargado y torpe, finalmente avanzó con dificultad.

Сани, хотя и перегруженные и неуклюжие, наконец двинулись вперед.

Buck y los demás tiraron salvajemente, impulsados por una tormenta de latigazos.

Бак и остальные рванули изо всех сил, подгоняемые ураганом хлыстовых ударов.

Cien metros más adelante, el sendero se curvaba y descendía hacia la calle.

В сотне ярдов впереди тропа изгибалась и спускалась к улице.

Se hubiera necesitado un conductor habilidoso para mantener el trineo en posición vertical.

Чтобы удерживать сани в вертикальном положении, требовался опытный водитель.

Hal no era hábil y el trineo se volcó al girar en la curva.

У Хэла не было опыта, и сани накренились на повороте.

Las ataduras sueltas cedieron y la mitad de la carga se derramó sobre la nieve.

Ослабленные крепления не выдержали, и половина груза вывалилась на снег.

Los perros no se detuvieron; el trineo, más ligero, siguió volando de lado.

Собаки не остановились; более легкие сани полетели на боку.

Enojados por el abuso y la pesada carga, los perros corrieron más rápido.

Разозленные оскорблениями и тяжелой ношей, собаки побежали быстрее.

Buck, furioso, echó a correr, con el equipo siguiéndolo detrás.

Бак в ярости бросился бежать, а вся команда побежала за ним.

Hal gritó "¡Guau! ¡Guau!", pero el equipo no le hizo caso.

Хэл закричал: «Ух ты! Ух ты!», но команда не обратила на него внимания.

Tropezó, cayó y fue arrastrado por el suelo por el arnés.

Он споткнулся, упал, и его протащило по земле за упряжь.

El trineo volcado saltó sobre él mientras los perros corrían delante.

Перевернутые сани налетели на него, а собаки мчались вперед.

El resto de los suministros se dispersaron por la concurrida calle de Skaguay.

Оставшиеся припасы разбросаны по оживленной улице Скагуая.

La gente bondadosa se apresuró a detener a los perros y recoger el equipo.

Добросердечные люди бросились останавливать собак и собирать снаряжение.

También dieron consejos, contundentes y prácticos, a los nuevos viajeros.

Они также давали новым путешественникам простые и практичные советы.

"Si quieres llegar a Dawson, lleva la mitad de la carga y el doble de perros".

«Если хочешь добраться до Доусона, возьми половину груза и удвой количество собак».

Hal, Charles y Mercedes escucharon, aunque no con entusiasmo.
Хэл, Чарльз и Мерседес слушали, хотя и без энтузиазма.
Instalaron su tienda de campaña y comenzaron a clasificar sus suministros.
Они разбили палатку и начали разбирать свои припасы.
Salieron alimentos enlatados, lo que hizo reír a carcajadas a los espectadores.
На свет появились консервы, вызвавшие громкий смех у прохожих.
"¿Enlatado en el camino? Te morirás de hambre antes de que se derrita", dijo uno.
«Консервы на тропе? Вы умрете с голоду, прежде чем они растают», — сказал один из них.
¿Mantas de hotel? Mejor tíralas todas.
«Одеяла в отелях? Лучше их все выкинуть».
"Si también deshazte de la tienda de campaña, aquí nadie lava los platos".
«Если убрать палатку, то здесь никто не будет мыть посуду».
¿Crees que estás viajando en un tren Pullman con sirvientes a bordo?
«Вы думаете, что едете в пульмановском поезде со слугами на борту?»
El proceso comenzó: todos los objetos inútiles fueron arrojados a un lado.
Процесс начался — все ненужные предметы были отброшены в сторону.
Mercedes lloró cuando sus maletas fueron vaciadas en el suelo nevado.
Мерседес плакала, когда ее вещи высыпались на заснеженную землю.
Ella sollozaba por cada objeto que tiraba, uno por uno, sin pausa.
Она рыдала над каждой выброшенной вещью, одну за другой, не останавливаясь.
Ella juró no dar un paso más, ni siquiera por diez Charleses.

Она поклялась не сделать больше ни шагу — даже за десять Чарльзов.

Ella le rogó a cada persona cercana que le permitiera conservar sus cosas preciosas.

Она умоляла каждого, кто был рядом, позволить ей оставить себе ее драгоценные вещи.

Por último, se secó los ojos y comenzó a arrojar incluso la ropa más importante.

Наконец она вытерла глаза и начала выбрасывать даже самую необходимую одежду.

Cuando terminó con los suyos, comenzó a vaciar los suministros de los hombres.

Закончив со своими принадлежностями, она принялась опустошать мужские.

Como un torbellino, destrozó las pertenencias de Charles y Hal.

Словно вихрь, она пронеслась через вещи Чарльза и Хэла.

Aunque la carga se redujo a la mitad, todavía era mucho más pesada de lo necesario.

Хотя груз уменьшился вдвое, он все равно был намного тяжелее, чем требовалось.

Esa noche, Charles y Hal salieron y compraron seis perros nuevos.

Тем вечером Чарльз и Хэл пошли и купили шесть новых собак.

Estos nuevos perros se unieron a los seis originales, además de Teek y Koona.

Эти новые собаки присоединились к первоначальным шести, а также к Тику и Куне.

Juntos formaron un equipo de catorce perros enganchados al trineo.

Вместе они составили упряжку из четырнадцати собак, запряженных в сани.

Pero los nuevos perros no eran aptos y estaban mal entrenados para el trabajo con trineos.

Однако новые собаки оказались непригодными и плохо обученными для работы в упряжке.

Tres de los perros eran pointers de pelo corto y uno era un Terranova.
Три собаки были короткошерстными пойнтерами, а одна — ньюфаундлендом.
Los dos últimos perros eran mestizos, sin ninguna raza ni propósito claros.
Последние две собаки были дворнягами, не имевшими четкой породы или предназначения.
No entendieron el camino y no lo aprendieron rápidamente.
Они не понимали тропу и не могли быстро ее освоить.
Buck y sus compañeros los miraron con desprecio y profunda irritación.
Бак и его товарищи смотрели на них с презрением и глубоким раздражением.
Aunque Buck les enseñó lo que no debían hacer, no podía enseñarles cuál era el deber.
Хотя Бак учил их, чего не следует делать, он не мог научить долгу.
No se adaptaron bien a la vida en senderos ni al tirón de las riendas y los trineos.
Они не очень хорошо переносили жизнь на тропе, а также тягу вожжей и саней.
Sólo los mestizos intentaron adaptarse, e incluso a ellos les faltó espíritu de lucha.
Только дворняги пытались приспособиться, но даже у них не было боевого духа.
Los demás perros estaban confundidos, debilitados y destrozados por su nueva vida.
Остальные собаки были растеряны, ослаблены и сломлены новой жизнью.
Con los nuevos perros desorientados y los viejos exhaustos, la esperanza era escasa.
Поскольку новые собаки ничего не знали, а старые были истощены, надежды было мало.
El equipo de Buck había recorrido dos mil quinientas millas de senderos difíciles.

Команда Бака преодолела две с половиной тысячи миль по суровой дороге.
Aún así, los dos hombres estaban alegres y orgullosos de su gran equipo de perros.
Тем не менее, оба мужчины были веселы и гордились своей большой собачьей упряжкой.
Creían que viajaban con estilo, con catorce perros enganchados.
Они думали, что путешествуют с шиком, взяв с собой четырнадцать собак.
Habían visto trineos partir hacia Dawson y otros llegar desde allí.
Они видели, как одни сани отправлялись в Доусон, а другие прибывали оттуда.
Pero nunca habían visto uno tirado por tantos catorce perros.
Но никогда они не видели упряжку, которую тянуло бы целых четырнадцать собак.
Había una razón por la que equipos como ese eran raros en el desierto del Ártico.
Недаром такие команды были редкостью в арктической глуши.
Ningún trineo podría transportar suficiente comida para alimentar a catorce perros durante el viaje.
Ни одни сани не могли перевезти достаточно еды, чтобы прокормить четырнадцать собак на протяжении всего путешествия.
Pero Charles y Hal no lo sabían: habían hecho los cálculos.
Но Чарльз и Хэл этого не знали — они уже все подсчитали.
Planificaron la comida: tanta cantidad por perro, tantos días, y listo.
Они расписали еду: столько-то на собаку, столько-то дней, готово.
Mercedes miró sus figuras y asintió como si tuviera sentido.
Мерседес посмотрела на их цифры и кивнула, как будто это имело смысл.
Todo le parecía muy sencillo, al menos en el papel.

Ей все казалось очень простым, по крайней мере на бумаге.

A la mañana siguiente, Buck guió al equipo lentamente por la calle nevada.
На следующее утро Бак медленно повел команду по заснеженной улице.
No había energía ni espíritu en él ni en los perros detrás de él.
Ни у него, ни у собак, стоявших за ним, не было ни энергии, ни духа.
Estaban muertos de cansancio desde el principio: no les quedaban reservas.
Они были смертельно уставшими с самого начала — резерва не осталось.
Buck ya había hecho cuatro viajes entre Salt Water y Dawson.
Бак уже совершил четыре поездки между Солт-Уотером и Доусоном.
Ahora, enfrentado nuevamente el mismo desafío, no sentía nada más que amargura.
Теперь, снова оказавшись на том же пути, он не чувствовал ничего, кроме горечи.
Su corazón no estaba en ello, ni tampoco el corazón de los otros perros.
Его сердце не лежало к этому, как и сердца других собак.
Los nuevos perros eran tímidos y los huskies carecían de confianza.
Новые собаки были робкими, а лайки не вызывали никакого доверия.
Buck sintió que no podía confiar en estos dos hombres ni en su hermana.
Бак чувствовал, что не может положиться ни на этих двух мужчин, ни на их сестру.
No sabían nada y no mostraron señales de aprender en el camino.

Они ничего не знали и не проявляли никаких признаков обучения на тропе.
Estaban desorganizados y carecían de cualquier sentido de disciplina.
Они были неорганизованны и лишены всякого чувства дисциплины.
Les tomó media noche montar un campamento descuidado cada vez.
Каждый раз им требовалось полночи, чтобы разбить неряшливый лагерь.
Y la mitad de la mañana siguiente la pasaron otra vez jugueteando con el trineo.
И половину следующего утра они снова провели, возясь с санями.
Al mediodía, a menudo se detenían simplemente para arreglar la carga desigual.
К полудню они часто останавливались, чтобы просто исправить неравномерность нагрузки.
Algunos días, viajaron menos de diez millas en total.
В некоторые дни они проходили в общей сложности менее десяти миль.
Otros días ni siquiera conseguían salir del campamento.
В другие дни им вообще не удавалось покинуть лагерь.
Nunca llegaron a cubrir la distancia alimentaria planificada.
Они так и не смогли преодолеть запланированное расстояние по доставке продовольствия.
Como era de esperar, muy rápidamente se quedaron sin comida para los perros.
Как и ожидалось, у собак очень быстро закончилась еда.
Empeoró las cosas sobrealimentándolos en los primeros días.
Они усугубили ситуацию перекармливанием в первые дни.
Esto acercaba la hambruna con cada ración descuidada.
С каждой неосторожной пайкой голод приближался.
Los nuevos perros no habían aprendido a sobrevivir con muy poco.

Новые собаки не научились выживать, имея очень мало пищи.

Comieron con hambre, con apetitos demasiado grandes para el camino.

Они ели жадно, их аппетит был слишком велик для такой тропы.

Al ver que los perros se debilitaban, Hal creyó que la comida no era suficiente.

Видя, что собаки слабеют, Хэл решил, что еды недостаточно.

Duplicó las raciones, empeorando aún más el error.

Он увеличил пайки вдвое, что еще больше усугубило ошибку.

Mercedes añadió más problemas con lágrimas y suaves súplicas.

Мерседес усугубила проблему слезами и тихими мольбами.

Cuando no pudo convencer a Hal, alimentó a los perros en secreto.

Когда ей не удалось убедить Хэла, она тайно покормила собак.

Ella robó de los sacos de pescado y se lo dio a sus espaldas.

Она крала рыбу из мешков и отдавала им за его спиной.

Pero lo que los perros realmente necesitaban no era más comida: era descanso.

Но на самом деле собакам нужна была не еда, а отдых.

Iban a poca velocidad, pero el pesado trineo aún seguía avanzando.

Они продвигались с трудом, но тяжелые сани все равно тащились.

Ese peso solo les quitaba las fuerzas que les quedaban cada día.

Этот вес каждый день истощал их оставшиеся силы.

Luego vino la etapa de desalimentación ya que los suministros escasearon.

Затем наступила стадия недоедания, поскольку запасы истощились.

Una mañana, Hal se dio cuenta de que la mitad de la comida para perros ya había desaparecido.

Однажды утром Хэл обнаружил, что половина собачьего корма уже закончилась.

Sólo habían recorrido una cuarta parte de la distancia total del recorrido.

Они преодолели лишь четверть от общей протяженности маршрута.

No se podía comprar más comida por ningún precio que se ofreciera.

Больше нельзя было купить еду, какую бы цену ни предлагали.

Redujo las raciones de los perros por debajo de la ración diaria estándar.

Он уменьшил порции собак ниже стандартного дневного рациона.

Al mismo tiempo, exigió viajes más largos para compensar las pérdidas.

В то же время он потребовал более длительных путешествий, чтобы компенсировать потери.

Mercedes y Carlos apoyaron este plan, pero fracasaron en su ejecución.

Мерседес и Чарльз поддержали этот план, но реализовать его не удалось.

Su pesado trineo y su falta de habilidad hicieron que el avance fuera casi imposible.

Тяжёлые сани и отсутствие навыков сделали продвижение вперёд практически невозможным.

Era fácil dar menos comida, pero imposible forzar más esfuerzo.

Легко было давать меньше еды, но невозможно было заставить прилагать больше усилий.

No podían salir temprano ni tampoco viajar horas extras.

Они не могли ни начать работу раньше, ни путешествовать дольше обычного.

No sabían cómo trabajar con los perros, ni tampoco ellos mismos.

Они не знали, как работать с собаками, да и с собой тоже.
El primer perro que murió fue Dub, el desafortunado pero trabajador ladrón.
Первой погибшей собакой был Даб, неудачливый, но трудолюбивый вор.
Aunque a menudo lo castigaban, Dub había hecho su parte sin quejarse.
Хотя Даба часто наказывали, он выполнял свою работу без жалоб.
Su hombro lesionado empeoró sin cuidados ni necesidad de descanso.
Состояние его травмированного плеча ухудшалось без ухода и необходимости отдыха.
Finalmente, Hal usó el revólver para acabar con el sufrimiento de Dub.
Наконец, Хэл использовал револьвер, чтобы положить конец страданиям Даба.
Un dicho común afirma que los perros normales mueren con raciones para perros esquimales.
Распространенная поговорка гласит, что нормальные собаки умирают от хаски.
Los seis nuevos compañeros de Buck tenían sólo la mitad de la porción de comida del husky.
Шестерым новым товарищам Бака досталась лишь половина порции еды, причитающейся хаски.
Primero murió el Terranova y después los tres bracos de pelo corto.
Первым погиб ньюфаундленд, затем три короткошерстных пойнтера.
Los dos mestizos resistieron más tiempo pero finalmente perecieron como el resto.
Две дворняжки продержались дольше, но в конце концов погибли, как и остальные.
Para entonces, todas las comodidades y la dulzura de Southland habían desaparecido.
К этому времени все удобства и уют Саутленда исчезли.

Las tres personas habían perdido los últimos vestigios de su educación civilizada.
Эти трое людей потеряли последние следы своего цивилизованного воспитания.
Despojado de glamour y romance, el viaje al Ártico se volvió brutalmente real.
Лишенные гламура и романтики, путешествия по Арктике стали жестоко реальными.
Era una realidad demasiado dura para su sentido de masculinidad y feminidad.
Это была реальность, слишком суровая для их представлений о мужественности и женственности.
Mercedes ya no lloraba por los perros, ahora lloraba sólo por ella misma.
Мерседес больше не плакала из-за собак, теперь она плакала только из-за себя.
Pasó su tiempo llorando y peleando con Hal y Charles.
Она проводила время в слезах и ссорах с Хэлом и Чарльзом.
Pelear era lo único que nunca estaban demasiado cansados para hacer.
Единственное, от чего они никогда не уставали, — это ссоры.
Su irritabilidad surgió de la miseria, creció con ella y la superó.
Их раздражительность возникла из-за несчастья, росла вместе с ним и превосходила его.
La paciencia del camino, conocida por quienes trabajan y sufren con bondad, nunca llegó.
Терпение тропы, знакомое тем, кто трудится и страдает милосердно, так и не наступило.
Esa paciencia que conserva dulce la palabra a pesar del dolor les era desconocida.
Им было неведомо то терпение, которое сохраняет сладость речи, несмотря на боль.
No tenían ni un ápice de paciencia ni la fuerza que suponía sufrir con gracia.

У них не было ни капли терпения, ни силы, которую можно было бы почерпнуть из страдания с достоинством.
Estaban rígidos por el dolor: les dolían los músculos, los huesos y el corazón.
Они были напряжены от боли — ломоты в мышцах, костях и сердцах.
Por eso se volvieron afilados de lengua y rápidos para usar palabras ásperas.
Из-за этого они стали острыми на язык и скорыми на резкие слова.
Cada día comenzaba y terminaba con voces enojadas y amargas quejas.
Каждый день начинался и заканчивался гневными голосами и горькими жалобами.
Charles y Hal discutían cada vez que Mercedes les daba una oportunidad.
Чарльз и Хэл ссорились всякий раз, когда Мерседес давала им шанс.
Cada hombre creía que hacía más de lo que le correspondía en el trabajo.
Каждый из них считал, что выполнил больше, чем ему положено, работы.
Ninguno de los dos perdió la oportunidad de decirlo una y otra vez.
Ни один из них не упускал возможности сказать об этом снова и снова.
A veces Mercedes se ponía del lado de Charles, a veces del lado de Hal.
Иногда Мерседес принимала сторону Чарльза, иногда — Хэла.
Esto dio lugar a una gran e interminable disputa entre los tres.
Это привело к большой и бесконечной ссоре между тремя.
Una disputa sobre quién debería cortar leña se salió de control.
Спор о том, кто должен рубить дрова, вышел из-под контроля.

Pronto se nombraron padres, madres, primos y parientes muertos.

Вскоре были названы имена отцов, матерей, двоюродных братьев и сестер, а также умерших родственников.

Las opiniones de Hal sobre el arte o las obras de su tío se convirtieron en parte de la pelea.

Взгляды Хэла на искусство и пьесы его дяди стали частью борьбы.

Las creencias políticas de Charles también entraron en el debate.

Политические убеждения Чарльза также стали предметом дебатов.

Para Mercedes, incluso los chismes de la hermana de su marido parecían relevantes.

Для Мерседес даже сплетни сестры ее мужа казались важными.

Ella expresó sus opiniones sobre eso y sobre muchos de los defectos de la familia de Charles.

Она высказала свое мнение по этому поводу и по поводу многих недостатков семьи Чарльза.

Mientras discutían, el fuego permaneció apagado y el campamento medio montado.

Пока они спорили, костер оставался неразведенным, а лагерь наполовину разбитым.

Mientras tanto, los perros permanecieron fríos y sin comida.

Тем временем собаки оставались холодными и без еды.

Mercedes tenía un motivo de queja que consideraba profundamente personal.

У Мерседес была обида, которую она считала глубоко личной.

Se sintió maltratada como mujer, negándole sus privilegios de gentileza.

Она чувствовала, что с ней плохо обращаются как с женщиной, лишают ее привилегий.

Ella era bonita y dulce, y acostumbrada a la caballerosidad toda su vida.

Она была красивой и нежной и всю жизнь отличалась благородством.
Pero su marido y su hermano ahora la trataban con impaciencia.
Но теперь ее муж и брат относились к ней с нетерпением.
Su costumbre era actuar con impotencia y comenzaron a quejarse.
Она привыкла вести себя беспомощно, и они начали жаловаться.
Ofendida por esto, les hizo la vida aún más difícil.
Оскорбленная этим, она еще больше усложнила им жизнь.
Ella ignoró a los perros e insistió en montar ella misma el trineo.
Она проигнорировала собак и настояла на том, что сама поедет на санях.
Aunque parecía ligera de aspecto, pesaba ciento veinte libras.
Несмотря на свою легкость, она весила сто двадцать фунтов.
Esa carga adicional era demasiado para los perros hambrientos y débiles.
Эта дополнительная нагрузка оказалась слишком большой для голодных, слабых собак.
Aún así, ella cabalgó durante días, hasta que los perros se desplomaron en las riendas.
И все же она ехала несколько дней, пока собаки не рухнули в поводьях.
El trineo se detuvo y Charles y Hal le rogaron que caminara.
Сани стояли неподвижно, и Чарльз с Хэлом умоляли ее идти пешком.
Ellos suplicaron y rogaron, pero ella lloró y los llamó crueles.
Они умоляли и умоляли, но она плакала и называла их жестокими.
En una ocasión la sacaron del trineo con pura fuerza y enojo.
Однажды они стащили ее с саней, применив силу и гнев.

Nunca volvieron a intentarlo después de lo que pasó aquella vez.
После того, что случилось в тот раз, они больше не пытались это сделать.

Ella se quedó flácida como un niño mimado y se sentó en la nieve.
Она обмякла, как избалованный ребенок, и села в снег.

Ellos siguieron adelante, pero ella se negó a levantarse o seguirlos.
Они двинулись дальше, но она отказалась встать или последовать за ними.

Después de tres millas, se detuvieron, regresaron y la llevaron de regreso.
Через три мили они остановились, вернулись и понесли ее обратно.

La volvieron a cargar en el trineo, nuevamente usando la fuerza bruta.
Они снова погрузили ее на сани, снова применив грубую силу.

En su profunda miseria, fueron insensibles al sufrimiento de los perros.
В своем глубоком горе они были равнодушны к страданиям собак.

Hal creía que uno debía endurecerse y forzar esa creencia a los demás.
Хэл считал, что человек должен стать закаленным, и навязывал эту веру другим.

Primero intentó predicar su filosofía a su hermana.
Сначала он попытался проповедовать свою философию сестре.

y luego, sin éxito, le predicó a su cuñado.
а затем, безуспешно, он проповедовал своему зятю.

Tuvo más éxito con los perros, pero sólo porque los lastimaba.
С собаками он добился большего успеха, но только потому, что причинял им боль.

En Five Fingers, la comida para perros se quedó completamente sin comida.

В Five Fingers полностью закончился корм для собак.

Una vieja india desdentada vendió unas cuantas libras de cuero de caballo congelado

Беззубая старая скво продала несколько фунтов замороженной лошадиной шкуры

Hal cambió su revólver por la piel de caballo seca.

Хэл обменял свой револьвер на высушенную конскую шкуру.

La carne había procedido de caballos hambrientos de ganaderos meses antes.

Мясо было получено от истощенных лошадей скотоводов несколько месяцев назад.

Congelada, la piel era como hierro galvanizado: dura y incomestible.

Замороженная шкура была похожа на оцинкованное железо: жесткая и несъедобная.

Los perros tenían que masticar sin parar la piel para poder comérsela.

Собакам приходилось бесконечно жевать шкуру, чтобы съесть ее.

Pero las cuerdas correosas y el pelo corto no constituían apenas alimento.

Но кожистые нити и короткие волосы вряд ли можно считать пищей.

La mayor parte de la piel era irritante y no era alimento en ningún sentido estricto.

Большая часть шкуры была раздражающей и не являлась едой в прямом смысле этого слова.

Y durante todo ese tiempo, Buck se tambaleaba al frente, como en una pesadilla.

И все это время Бак шатался впереди, как в кошмарном сне.

Tiraba cuando podía, y cuando no, se quedaba tendido hasta que un látigo o un garrote lo levantaban.

Когда он мог, он тянул; когда нет, он лежал, пока его не поднимали кнутом или дубинкой.

Su fino y brillante pelaje había perdido toda la rigidez y brillo que alguna vez tuvo.

Его прекрасная, блестящая шерсть утратила всю свою прежнюю жесткость и блеск.

Su cabello colgaba lacio, enmarañado y cubierto de sangre seca por los golpes.

Его волосы висели небрежно, спутались и были покрыты запекшейся кровью от ударов.

Sus músculos se encogieron hasta convertirse en cuerdas y sus almohadillas de carne estaban todas desgastadas.

Его мышцы превратились в канаты, а все подушечки его плоти стерлись.

Cada costilla, cada hueso se veía claramente a través de los pliegues de la piel arrugada.

Каждое ребро, каждая кость отчетливо просматривались сквозь складки морщинистой кожи.

Fue desgarrador, pero el corazón de Buck no podía romperse.

Это было душераздирающе, но сердце Бака не могло разбиться.

El hombre del suéter rojo lo había probado y demostrado hacía mucho tiempo.

Человек в красном свитере уже давно это проверил и доказал.

Tal como sucedió con Buck, sucedió con el resto de sus compañeros de equipo.

Как это было с Баком, так было и со всеми его оставшимися товарищами по команде.

Eran siete en total, cada uno de ellos un esqueleto andante de miseria.

Всего их было семеро, и каждый из них был ходячим скелетом страдания.

Se habían vuelto insensibles a los latigazos y solo sentían un dolor distante.

Они онемели от ударов плетью, чувствуя лишь далекую боль.
Incluso la vista y el sonido les llegaban débilmente, como a través de una espesa niebla.
Даже зрение и слух доходили до них смутно, словно сквозь густой туман.
No estaban ni medio vivos: eran huesos con tenues chispas en su interior.
Они не были полуживыми — это были кости с тусклыми искрами внутри.
Al detenerse, se desplomaron como cadáveres y sus chispas casi desaparecieron.
Когда их остановили, они рухнули, как трупы, их искры почти погасли.
Y cuando el látigo o el garrote volvían a golpear, las chispas revoloteaban débilmente.
И когда кнут или дубинка ударяли снова, искры слабо трепетали.
Entonces se levantaron, se tambalearon hacia adelante y arrastraron sus extremidades hacia delante.
Затем они поднялись, пошатнулись и потащили вперед свои конечности.
Un día el amable Billee se cayó y ya no pudo levantarse.
Однажды добрый Билли упал и больше не мог подняться.
Hal había cambiado su revólver, por lo que utilizó un hacha para matar a Billee.
Хэл обменял свой револьвер, поэтому вместо этого он использовал топор, чтобы убить Билли.
Lo golpeó en la cabeza, luego le cortó el cuerpo y se lo llevó arrastrado.
Он ударил его по голове, затем освободил его тело и потащил прочь.
Buck vio esto, y también los demás; sabían que la muerte estaba cerca.
Бак увидел это, как и остальные; они знали, что смерть близка.

Al día siguiente Koona se fue, dejando sólo cinco perros en el equipo hambriento.

На следующий день Куна уехал, оставив в голодной команде всего пять собак.

Joe, que ya no era malo, estaba demasiado perdido como para darse cuenta de gran cosa.

Джо, больше не злой, зашел слишком далеко, чтобы вообще что-либо осознавать.

Pike, que ya no fingía su lesión, estaba apenas consciente.

Пайк, больше не притворявшийся, что получил травму, едва был в сознании.

Solleks, todavía fiel, lamentó no tener fuerzas para dar.

Соллекс, все еще верный, горевал, что у него нет сил, чтобы отдать.

Teek fue el que más perdió porque estaba más fresco, pero su rendimiento se estaba agotando rápidamente.

Тик проиграл больше всех, потому что был свежее, но быстро терял форму.

Y Buck, todavía a la cabeza, ya no mantenía el orden ni lo hacía cumplir.

А Бак, все еще остававшийся лидером, больше не поддерживал порядок и не обеспечивал его.

Medio ciego por la debilidad, Buck siguió el rastro sólo por el tacto.

Бак, наполовину ослепший от слабости, пошел по следу на ощупь.

Era un hermoso clima primaveral, pero ninguno de ellos lo notó.

Стояла прекрасная весенняя погода, но никто из них этого не замечал.

Cada día el sol salía más temprano y se ponía más tarde que el anterior.

Каждый день солнце вставало раньше и садилось позже, чем прежде.

A las tres de la mañana ya había amanecido; el crepúsculo duró hasta las nueve.

К трем часам утра наступил рассвет; сумерки продолжались до девяти.

Los largos días estuvieron llenos del resplandor del sol primaveral.

Долгие дни были наполнены ярким весенним солнцем.

El silencio fantasmal del invierno se había transformado en un cálido murmullo.

Призрачная тишина зимы сменилась теплым шепотом.

Toda la tierra estaba despertando, viva con la alegría de los seres vivos.

Вся земля просыпалась, полная радости жизни.

El sonido provenía de lo que había permanecido muerto e inmóvil durante el invierno.

Звук исходил от того, что лежало мертвым и неподвижным всю зиму.

Ahora, esas cosas se movieron nuevamente, sacudiéndose el largo sueño helado.

Теперь эти твари снова зашевелились, стряхивая с себя долгий морозный сон.

La savia subía a través de los oscuros troncos de los pinos que esperaban.

Сок поднимался по темным стволам ожидающих сосен.

Los sauces y los álamos brotan brillantes y jóvenes brotes en cada ramita.

На каждой веточке ив и осин распускаются яркие молодые почки.

Los arbustos y las enredaderas se vistieron de un verde fresco a medida que el bosque cobraba vida.

Лес оживает, кустарники и виноградные лозы зеленеют.

Los grillos cantaban por la noche y los insectos se arrastraban bajo el sol del día.

Ночью стрекотали сверчки, а днем на солнце ползали насекомые.

Las perdices graznaban y los pájaros carpinteros picoteaban en lo profundo de los árboles.

Куропатки кричали, а дятлы стучали глубоко в деревьях.

Las ardillas parloteaban, los pájaros cantaban y los gansos graznaban al hablarles a los perros.
Белки болтали, птицы пели, а гуси кричали над собаками.

Las aves silvestres llegaron en grupos afilados, volando desde el sur.
Дичь прилетела острыми клиньями с юга.

De cada ladera llegaba la música de arroyos ocultos y caudalosos.
Со всех склонов холмов доносилась музыка скрытых, бурных ручьев.

Todas las cosas se descongelaron y se rompieron, se doblaron y volvieron a ponerse en movimiento.
Все оттаяло и сломалось, согнулось и снова пришло в движение.

El Yukón se esforzó por romper las frías cadenas del hielo congelado.
Юкон изо всех сил пытался разорвать холодные цепи замерзшего льда.

El hielo se derritió desde abajo, mientras que el sol lo derritió desde arriba.
Лед таял снизу, а солнце плавило его сверху.

Se abrieron agujeros de aire, se abrieron grietas y algunos trozos cayeron al río.
Открылись воздушные отверстия, появились трещины, и куски породы упали в реку.

En medio de toda esta vida frenética y llameante, los viajeros se tambaleaban.
Среди всей этой бурлящей и пылающей жизни путники шатались.

Dos hombres, una mujer y una jauría de perros esquimales caminaban como muertos.
Двое мужчин, женщина и стая хаски шли как мертвые.

Los perros caían, Mercedes lloraba, pero seguía montando el trineo.
Собаки падали, Мерседес плакала, но все равно ехала в санях.

Hal maldijo débilmente y Charles parpadeó con los ojos llorosos.
Хэл слабо выругался, а Чарльз моргнул сквозь слезящиеся глаза.

Se toparon con el campamento de John Thornton junto a la desembocadura del río Blanco.
Они наткнулись на лагерь Джона Торнтона у устья реки Уайт.

Cuando se detuvieron, los perros cayeron al suelo, como si todos hubieran muerto.
Когда они остановились, собаки упали на землю, как будто все они были поражены смертью.

Mercedes se secó las lágrimas y miró a John Thornton.
Мерседес вытерла слезы и посмотрела на Джона Торнтона.

Charles se sentó en un tronco, lenta y rígidamente, dolorido por el camino.
Чарльз сидел на бревне, медленно и неподвижно, испытывая боль от долгой дороги.

Hal habló mientras Thornton tallaba el extremo del mango de un hacha.
Хэл говорил, пока Торнтон вырезал конец топора.

Él tallaba madera de abedul y respondía con respuestas breves y firmes.
Он строгал березовые дрова и отвечал краткими, но твёрдыми ответами.

Cuando se le preguntó, dio consejos, seguro de que no serían seguidos.
Когда его об этом спросили, он дал совет, будучи уверенным, что ему не последуют.

Hal explicó: "Nos dijeron que el hielo del sendero se estaba desprendiendo".
Хэл объяснил: «Они сказали нам, что лед на тропе тает».

Dijeron que nos quedáramos allí, pero llegamos a White River.
«Они сказали, что нам следует оставаться на месте, но мы добрались до Уайт-Ривер».

Terminó con un tono burlón, como para proclamar la victoria en medio de las dificultades.

Он закончил насмешливым тоном, как будто хотел провозгласить победу в невзгодах.

—Y te dijeron la verdad —respondió John Thornton a Hal en voz baja.

«И они сказали тебе правду», — тихо ответил Хэлу Джон Торнтон.

"El hielo puede ceder en cualquier momento; está a punto de desprenderse".

«Лед может рухнуть в любой момент — он готов упасть».

"Solo la suerte ciega y los tontos pudieron haber llegado tan lejos con vida".

«Только слепая удача и дураки могли добраться до этого места живыми».

"Te lo digo directamente: no arriesgaría mi vida ni por todo el oro de Alaska".

«Я вам прямо говорю, я бы не рискнул своей жизнью даже за все золото Аляски».

—Supongo que es porque no eres tonto —respondió Hal.

«Это потому, что ты не дурак, я полагаю», — ответил Хэл.

—De todos modos, seguiremos hasta Dawson. —Desenrolló el látigo.

«Тем не менее, мы поедем в Доусон». Он развернул хлыст.

—¡Sube, Buck! ¡Hola! ¡Sube! ¡Vamos! —gritó con dureza.

«Вставай, Бак! Эй! Вставай! Вперед!» — крикнул он резко.

Thornton siguió tallando madera, sabiendo que los tontos no escucharían razones.

Торнтон продолжал строгать, зная, что дураки не станут слушать доводы разума.

Detener a un tonto era inútil, y dos o tres tontos no cambiaban nada.

Останавливать дурака было бесполезно, а двое или трое одураченных ничего не изменяли.

Pero el equipo no se movió ante la orden de Hal.

Но команда не двинулась с места по команде Хэла.

A estas alturas, sólo los golpes podían hacerlos levantarse y avanzar.
Теперь только удары могли заставить их подняться и двинуться вперед.
El látigo golpeó una y otra vez a los perros debilitados.
Кнут снова и снова хлестал по ослабевшим собакам.
John Thornton apretó los labios con fuerza y observó en silencio.
Джон Торнтон крепко сжал губы и молча наблюдал.
Solleks fue el primero en ponerse de pie bajo el látigo.
Первым под плетью поднялся на ноги Соллекс.
Entonces Teek lo siguió, temblando. Joe gritó al tambalearse.
Затем Тик последовал за ним, дрожа. Джо вскрикнул, спотыкаясь.
Pike intentó levantarse, falló dos veces y finalmente se mantuvo en pie, tambaleándose.
Пайк попытался подняться, дважды потерпел неудачу и, наконец, встал, пошатнувшись.
Pero Buck yacía donde había caído, sin moverse en absoluto este momento.
Но Бак лежал там, где упал, и все это время не двигался.
El látigo lo golpeaba una y otra vez, pero él no emitía ningún sonido.
Кнут хлестал его снова и снова, но он не издавал ни звука.
Él no se inmutó ni se resistió, simplemente permaneció quieto y en silencio.
Он не дрогнул и не сопротивлялся, просто оставался неподвижным и тихим.
Thornton se movió más de una vez, como si fuera a hablar, pero no lo hizo.
Торнтон несколько раз пошевелился, как будто собираясь что-то сказать, но не сказал.
Sus ojos se humedecieron y el látigo siguió golpeando contra Buck.
Глаза его увлажнились, а кнут продолжал хлестать Бэка.
Finalmente, Thornton comenzó a caminar lentamente, sin saber qué hacer.

Наконец Торнтон начал медленно ходить, не зная, что делать.

Era la primera vez que Buck fallaba y Hal se puso furioso.

Это был первый раз, когда Бак потерпел неудачу, и Хэл пришел в ярость.

Dejó el látigo y en su lugar tomó el pesado garrote.

Он бросил кнут и вместо него поднял тяжелую дубинку.

El palo de madera cayó con fuerza, pero Buck todavía no se levantó para moverse.

Деревянная дубинка с силой опустилась, но Бак все еще не двинулся с места.

Al igual que sus compañeros de equipo, era demasiado débil, pero más que eso.

Как и его товарищи по команде, он был слишком слаб, но дело было не только в этом.

Buck había decidido no moverse, sin importar lo que sucediera después.

Бак решил не двигаться с места, что бы ни случилось дальше.

Sintió algo oscuro y seguro flotando justo delante.

Он чувствовал, как что-то темное и определенное парит прямо впереди.

Ese miedo se apoderó de él tan pronto como llegó a la orilla del río.

Этот страх охватил его, как только он достиг берега реки.

La sensación no lo había abandonado desde que sintió el hielo fino bajo sus patas.

Это чувство не покидало его с тех пор, как он почувствовал, что лед под его лапами стал тонким.

Algo terrible lo esperaba; lo sintió más allá del camino.

Что-то ужасное ждало его — он чувствовал это где-то далеко, на тропе.

No iba a caminar hacia esa cosa terrible que había delante.

Он не собирался идти навстречу тому ужасному, что было впереди.

Él no iba a obedecer ninguna orden que lo llevara a esa cosa.

Он не собирался подчиняться никакому приказу, который бы привел его к этому.

El dolor de los golpes apenas lo afectaba ahora: estaba demasiado lejos.

Боль от ударов теперь почти не затрагивала его — он был слишком слаб.

La chispa de la vida parpadeaba débilmente y se apagaba bajo cada golpe cruel.

Искра жизни мерцала слабо, тускнея под каждым жестоким ударом.

Sus extremidades se sentían distantes; su cuerpo entero parecía pertenecer a otro.

Его конечности казались далекими; все его тело, казалось, принадлежало кому-то другому.

Sintió un extraño entumecimiento mientras el dolor desapareció por completo.

Он почувствовал странное онемение, когда боль полностью утихла.

Desde lejos, sentía que lo golpeaban, pero apenas lo sabía.

Издалека он чувствовал, что его бьют, но едва ли осознавал это.

Podía oír los golpes débilmente, pero ya no dolían realmente.

Он слышал слабые удары, но они уже не причиняли ему особой боли.

Los golpes dieron en el blanco, pero su cuerpo ya no parecía el suyo.

Удары достигали цели, но его тело больше не казалось ему собственным.

Entonces, de repente y sin previo aviso, John Thornton lanzó un grito salvaje.

И вдруг, без всякого предупреждения, Джон Торнтон издал дикий крик.

Era un grito inarticulado, más el grito de una bestia que el de un hombre.

Это был нечленораздельный крик, больше похожий на крик зверя, чем на крик человека.

Saltó hacia el hombre con el garrote y tiró a Hal hacia atrás.
Он прыгнул на человека с дубинкой и отбросил Хэла назад.
Hal voló como si lo hubiera golpeado un árbol y aterrizó con fuerza en el suelo.
Хэл отлетел, словно его ударило дерево, и тяжело приземлился на землю.
Mercedes gritó en pánico y se llevó las manos a la cara.
Мерседес в панике громко закричала и схватилась за лицо.
Charles se limitó a mirar, se secó los ojos y permaneció sentado.
Чарльз только посмотрел, вытер глаза и остался сидеть.
Su cuerpo estaba demasiado rígido por el dolor para levantarse o ayudar en la pelea.
Его тело было слишком окоченевшим от боли, чтобы подняться или помочь в борьбе.
Thornton se quedó de pie junto a Buck, temblando de furia, incapaz de hablar.
Торнтон стоял над Баком, дрожа от ярости и не в силах вымолвить ни слова.
Se estremeció de rabia y luchó por encontrar su voz a través de ella.
Он дрожал от ярости и пытался найти в себе силы обрести голос.
—Si vuelves a golpear a ese perro, te mataré —dijo finalmente.
«Если ты еще раз ударишь эту собаку, я тебя убью», — наконец сказал он.
Hal se limpió la sangre de la boca y volvió a avanzar.
Хэл вытер кровь со рта и снова вышел вперед.
—Es mi perro —murmuró—. ¡Quítate del medio o te curaré!
«Это моя собака, — пробормотал он. — Уйди с дороги, или я тебя вылечу».
"Voy a Dawson y no me lo vas a impedir", añadió.
«Я поеду в Доусон, и вы меня не остановите», — добавил он.
Thornton se mantuvo firme entre Buck y el joven enojado.

Торнтон твердо стоял между Баком и разгневанным молодым человеком.

No tenía intención de hacerse a un lado o dejar pasar a Hal.
Он не собирался отходить в сторону или пропускать Хэла.

Hal sacó su cuchillo de caza, largo y peligroso en la mano.
Хэл вытащил свой охотничий нож, длинный и опасный в руке.

Mercedes gritó, luego lloró y luego rió con una histeria salvaje.
Мерседес закричала, потом заплакала, а потом рассмеялась в дикой истерике.

Thornton golpeó la mano de Hal con el mango de su hacha, fuerte y rápido.
Торнтон резко и быстро ударил Хэла по руке рукояткой топора.

El cuchillo se soltó del agarre de Hal y voló al suelo.
Нож выскользнул из рук Хэла и полетел на землю.

Hal intentó recoger el cuchillo y Thornton volvió a golpearle los nudillos.
Хэл попытался поднять нож, но Торнтон снова постучал ему по костяшкам пальцев.

Entonces Thornton se agachó, agarró el cuchillo y lo sostuvo.
Затем Торнтон наклонился, схватил нож и задержал его.

Con dos rápidos golpes del mango del hacha, cortó las riendas de Buck.
Двумя быстрыми ударами топора он перерезал поводья Бэка.

Hal ya no tenía fuerzas para luchar y se apartó del perro.
У Хэла не осталось сил бороться, и он отступил от собаки.

Además, Mercedes necesitaba ahora ambos brazos para mantenerse erguida.
Кроме того, теперь Мерседес нужны были обе руки, чтобы удерживаться в вертикальном положении.

Buck estaba demasiado cerca de la muerte como para volver a ser útil para tirar de un trineo.
Бэк был слишком близок к смерти, чтобы снова пригодиться для того, чтобы тянуть сани.

Unos minutos después, se marcharon y se dirigieron río abajo.
Через несколько минут они отчалили и направились вниз по реке.
Buck levantó la cabeza débilmente y los observó mientras salían del banco.
Бак слабо поднял голову и смотрел, как они покидают банк.
Pike lideró el equipo, con Solleks en la parte trasera, al volante.
Пайк возглавлял команду, а Соллекс замыкал гонку на позиции рулевого.
Joe y Teek caminaron entre ellos, ambos cojeando por el cansancio.
Джо и Тик шли между ними, оба хромая от усталости.
Mercedes se sentó en el trineo y Hal agarró el largo palo.
Мерседес села на сани, а Хэл схватился за длинную стойку.
Charles se tambaleó detrás, sus pasos torpes e inseguros.
Чарльз спотыкался, его шаги были неуклюжими и неуверенными.
Thornton se arrodilló junto a Buck y buscó con delicadeza los huesos rotos.
Торнтон опустился на колени рядом с Баком и осторожно ощупал сломанные кости.
Sus manos eran ásperas pero se movían con amabilidad y cuidado.
Его руки были грубыми, но двигались с добротой и заботой.
El cuerpo de Buck estaba magullado pero no mostraba lesiones duraderas.
Тело Бака было покрыто синяками, но серьезных повреждений не наблюдалось.
Lo que quedó fue un hambre terrible y una debilidad casi total.
Остались лишь ужасный голод и почти полная слабость.
Cuando esto quedó claro, el trineo ya había avanzado mucho río abajo.

К тому времени, как это стало ясно, сани уже ушли далеко вниз по реке.

El hombre y el perro observaron cómo el trineo se deslizaba lentamente sobre el hielo agrietado.

Человек и собака наблюдали, как сани медленно ползут по трескающемуся льду.

Luego vieron que el trineo se hundía en un hueco.

Затем они увидели, как сани провалились в низину.

El mástil voló hacia arriba, con Hal todavía aferrándose a él en vano.

Стойка взлетела, а Хэл все еще тщетно пытался за нее ухватиться.

El grito de Mercedes les llegó a través de la fría distancia.

Крик Мерседес донесся до них сквозь холодное расстояние.

Charles se giró y dio un paso atrás, pero ya era demasiado tarde.

Чарльз повернулся и отступил назад, но было слишком поздно.

Una capa de hielo entera cedió y todos ellos cayeron al suelo.

Целый ледяной покров рухнул, и все они провалились под него.

Los perros, los trineos y las personas desaparecieron en el agua negra que había debajo.

Собаки, сани и люди исчезли в черной воде внизу.

En el hielo por donde habían pasado sólo quedaba un amplio agujero.

На месте их движения осталась лишь широкая прорубь во льду.

El sendero se había hundido por completo, tal como Thornton había advertido.

Дно тропы обрывалось — как и предупреждал Торнтон.

Thornton y Buck se miraron el uno al otro y guardaron silencio por un momento.

Торнтон и Бак посмотрели друг на друга и на мгновение замолчали.

—Pobre diablo —dijo Thornton suavemente, y Buck le lamió la mano.

«Ты бедняга», — тихо сказал Торнтон, и Бак лизнул его руку.

Por el amor de un hombre
Ради любви к человеку

John Thornton se congeló los pies en el frío del diciembre anterior.
Джон Торнтон обморозил ноги в холодный декабрь прошлого года.
Sus compañeros lo hicieron sentir cómodo y lo dejaron recuperarse solo.
Его партнеры обеспечили ему комфорт и оставили его восстанавливаться в одиночестве.
Subieron al río para recoger una balsa de troncos para aserrar para Dawson.
Они поднялись по реке, чтобы собрать плот из пиловочных бревен для Доусона.
Todavía cojeaba ligeramente cuando rescató a Buck de la muerte.
Он все еще слегка хромал, когда спас Бака от смерти.
Pero como el clima cálido continuó, incluso esa cojera desapareció.
Но с сохранением теплой погоды даже эта хромота исчезла.
Durante los largos días de primavera, Buck descansaba a orillas del río.
Долгими весенними днями Бак отдыхал, лежа на берегу реки.
Observó el agua fluir y escuchó a los pájaros y a los insectos.
Он наблюдал за текущей водой и слушал птиц и насекомых.
Lentamente, Buck recuperó su fuerza bajo el sol y el cielo.
Постепенно Бак восстановил свои силы под солнцем и небом.
Un descanso fue maravilloso después de viajar tres mil millas.
Отдых после путешествия в три тысячи миль был замечательным.

Buck se volvió perezoso a medida que sus heridas sanaban y su cuerpo se llenaba.

По мере того, как его раны заживали, а тело наполнялось, Бак становился ленивым.

Sus músculos se reafirmaron y la carne volvió a cubrir sus huesos.

Его мышцы окрепли, а кости снова покрылись плотью.

Todos estaban descansando: Buck, Thornton, Skeet y Nig.

Они все отдыхали — Бак, Торнтон, Скит и Ниг.

Esperaron la balsa que los llevaría a Dawson.

Они ждали плот, который должен был доставить их в Доусон.

Skeet era un pequeño setter irlandés que se hizo amigo de Buck.

Скит был маленьким ирландским сеттером, который подружился с Баком.

Buck estaba demasiado débil y enfermo para resistirse a ella en su primer encuentro.

Бак был слишком слаб и болен, чтобы оказать ей сопротивление при их первой встрече.

Skeet tenía el rasgo de sanador que algunos perros poseen naturalmente.

У Скита была черта целителя, присущая некоторым собакам от природы.

Como una gata madre, lamió y limpió las heridas abiertas de Buck.

Подобно кошке-матери, она вылизывала и промывала раны Бака.

Todas las mañanas, después del desayuno, repetía su minucioso trabajo.

Каждое утро после завтрака она повторяла свою кропотливую работу.

Buck llegó a esperar su ayuda tanto como la de Thornton.

Бак рассчитывал на ее помощь так же, как и на помощь Торнтона.

Nig también era amigable, pero menos abierto y menos cariñoso.

Ниг тоже был дружелюбен, но менее открыт и менее ласков.

Nig era un perro grande y negro, mitad sabueso y mitad lebrel.

Ниг был большой черной собакой, наполовину ищейкой, наполовину дирхаундом.

Tenía ojos sonrientes y un espíritu bondadoso sin límites.

У него были смеющиеся глаза и бесконечное добродушие.

Para sorpresa de Buck, ninguno de los perros mostró celos hacia él.

К удивлению Бака, ни одна из собак не проявила к нему ревности.

Tanto Skeet como Nig compartieron la amabilidad de John Thornton.

И Скит, и Ниг разделяли доброту Джона Торнтона.

A medida que Buck se hacía más fuerte, lo atrajeron hacia juegos de perros tontos.

Когда Бак окреп, они вовлекли его в глупые собачьи игры.

Thornton también jugaba a menudo con ellos, incapaz de resistirse a su alegría.

Торнтон тоже часто играл с ними, не в силах устоять перед их радостью.

De esta manera lúdica, Buck pasó de la enfermedad a una nueva vida.

Таким образом, играя, Бак перешел от болезни к новой жизни.

El amor, el amor verdadero, ardiente y apasionado, finalmente era suyo.

Любовь — настоящая, пылкая и страстная любовь — наконец-то досталась ему.

Nunca había conocido ese tipo de amor en la finca de Miller.

Он никогда не знал такой любви в поместье Миллера.

Con los hijos del Juez había compartido trabajo y aventuras.

С сыновьями судьи он делил работу и приключения.

En los nietos vio un orgullo rígido y jactancioso.

У внуков он видел наглую и хвастливую гордость.

Con el propio juez Miller mantuvo una amistad respetuosa.

С самим судьей Миллером у него были уважительные дружеские отношения.

Pero el amor que era fuego, locura y adoración llegó con Thornton.

Но любовь, которая была огнем, безумием и поклонением, пришла с Торнтоном.

Este hombre había salvado la vida de Buck, y eso solo significaba mucho.

Этот человек спас жизнь Бак, и одно это уже имело огромное значение.

Pero más que eso, John Thornton era el tipo de maestro ideal.

Но, что еще важнее, Джон Торнтон был идеальным мастером.

Otros hombres cuidaban perros por obligación o necesidad laboral.

Другие мужчины заботились о собаках из-за служебных обязанностей или деловой необходимости.

John Thornton cuidaba a sus perros como si fueran sus hijos.

Джон Торнтон заботился о своих собаках, как будто они были его детьми.

Él se preocupaba por ellos porque los amaba y simplemente no podía evitarlo.

Он заботился о них, потому что любил их и просто не мог с собой ничего поделать.

John Thornton vio incluso más lejos de lo que la mayoría de los hombres lograron ver.

Джон Торнтон видел даже дальше, чем когда-либо удавалось увидеть большинству людей.

Nunca se olvidó de saludarlos amablemente o decirles alguna palabra de aliento.

Он никогда не забывал поприветствовать их или сказать им ободряющее слово.

Le encantaba sentarse con los perros para tener largas charlas, o "gases", como él decía.

Он любил сидеть с собаками и долго беседовать, или «газировать», как он говорил.

Le gustaba agarrar bruscamente la cabeza de Buck entre sus fuertes manos.
Ему нравилось грубо сжимать голову Бака своими сильными руками.
Luego apoyó su cabeza contra la de Buck y lo sacudió suavemente.
Затем он прислонил свою голову к голове Бака и легонько потряс его.
Mientras tanto, él llamaba a Buck con nombres groseros que significaban amor para Buck.
Все это время он называл Бака грубыми словами, которые означали для него любовь.
Para Buck, ese fuerte abrazo y esas palabras le trajeron una profunda alegría.
Для Бак эти грубые объятия и эти слова принесли глубокую радость.
Su corazón parecía latir con fuerza de felicidad con cada movimiento.
Казалось, его сердце сотрясалось от счастья при каждом движении.
Cuando se levantó de un salto, su boca parecía como si se estuviera riendo.
Когда он вскочил, его рот выглядел так, будто он смеялся.
Sus ojos brillaban intensamente y su garganta temblaba con una alegría tácita.
Глаза его ярко сияли, а горло дрожало от невысказанной радости.
Su sonrisa se detuvo en ese estado de emoción y afecto resplandeciente.
Его улыбка застыла в этом состоянии эмоций и сияющей привязанности.
Entonces Thornton exclamó pensativo: "¡Dios! ¡Casi puede hablar!"
Затем Торнтон задумчиво воскликнул: «Боже! Он почти может говорить!»
Buck tenía una extraña forma de expresar amor que casi causaba dolor.

У Бака был странный способ выражать любовь, который едва не причинял боль.
A menudo apretaba muy fuerte la mano de Thornton entre los dientes.
Он часто очень крепко сжимал зубами руку Торнтона.
La mordedura iba a dejar marcas profundas que permanecerían durante algún tiempo.
Укус должен был оставить глубокие следы, которые сохранялись еще некоторое время.
Buck creía que esos juramentos eran de amor y Thornton lo sabía también.
Бак верил, что эти клятвы были любовью, и Торнтон знал то же самое.
La mayoría de las veces, el amor de Buck se demostraba en una adoración silenciosa, casi silenciosa.
Чаще всего любовь Бака проявлялась в тихом, почти безмолвном обожании.
Aunque se emocionaba cuando lo tocaban o le hablaban, no buscaba atención.
Хотя он и радовался, когда к нему прикасались или говорили, он не искал внимания.
Skeet empujó su nariz bajo la mano de Thornton hasta que él la acarició.
Скит ткнула носом в руку Торнтона, пока он не погладил ее.
Nig se acercó en silencio y apoyó su gran cabeza en la rodilla de Thornton.
Ниг тихо подошел и положил свою большую голову на колено Торнтона.
Buck, por el contrario, se conformaba con amar desde una distancia respetuosa.
Бак, напротив, довольствовался любовью на почтительном расстоянии.
Durante horas permaneció tendido a los pies de Thornton, alerta y observando atentamente.
Он часами лежал у ног Торнтона, настороженно и внимательно наблюдая.

Buck estudió cada detalle del rostro de su amo y su más mínimo movimiento.

Бэк изучал каждую деталь лица своего хозяина и малейшее движение.

O yacía más lejos, estudiando la figura del hombre en silencio.

Или лежала подальше, молча изучая очертания мужчины.

Buck observó cada pequeño movimiento, cada cambio de postura o gesto.

Бак следил за каждым маленьким движением, за каждым изменением позы или жеста.

Tan poderosa era esta conexión que a menudo atraía la mirada de Thornton.

Эта связь была настолько сильной, что часто приковывала к себе взгляд Торнтона.

Sostuvo la mirada de Buck sin palabras, pero el amor brillaba claramente a través de ella.

Он молча встретился взглядом с Баком, в котором ясно читалась любовь.

Durante mucho tiempo después de ser salvado, Buck nunca perdió de vista a Thornton.

После своего спасения Бак долгое время не выпускал Торнтона из виду.

Cada vez que Thornton salía de la tienda, Buck lo seguía de cerca afuera.

Всякий раз, когда Торнтон выходил из палатки, Бак следовал за ним по пятам.

Todos los amos severos de las Tierras del Norte habían hecho que Buck tuviera miedo de confiar.

Все суровые хозяева Севера заставили Бэка бояться доверять.

Temía que ningún hombre pudiera seguir siendo su amo durante más de un corto tiempo.

Он боялся, что ни один человек не сможет оставаться его хозяином дольше короткого времени.

Temía que John Thornton desapareciera como Perrault y François.

Он боялся, что Джон Торнтон исчезнет, как Перро и Франсуа.

Incluso por la noche, el miedo a perderlo acechaba el sueño inquieto de Buck.

Даже ночью страх потерять его преследовал беспокойный сон Бака.

Cuando Buck se despertó, salió a escondidas al frío y fue a la tienda de campaña.

Когда Бак проснулся, он выполз на холод и пошёл в палатку.

Escuchó atentamente el suave sonido de la respiración en su interior.

Он внимательно прислушивался к тихому звуку дыхания внутри.

A pesar del profundo amor de Buck por John Thornton, lo salvaje siguió vivo.

Несмотря на глубокую любовь Бака к Джону Торнтону, дикая природа осталась жива.

Ese instinto primitivo, despertado en el Norte, no desapareció.

Этот первобытный инстинкт, пробудившийся на Севере, не исчез.

El amor trajo devoción, lealtad y el cálido vínculo del fuego.

Любовь принесла с собой преданность, верность и теплые узы, которые дарил нам домашний очаг.

Pero Buck también mantuvo sus instintos salvajes, agudos y siempre alerta.

Но Бак сохранил свои дикие инстинкты, острые и всегда бдительные.

No era sólo una mascota domesticada de las suaves tierras de la civilización.

Он был не просто приручённым питомцем из мягких краёв цивилизации.

Buck era un ser salvaje que había venido a sentarse junto al fuego de Thornton.

Бак был диким существом, пришедшим посидеть у огня Торнтона.

Parecía un perro del Sur, pero en su interior vivía lo salvaje.
Он был похож на собаку из Саутленда, но в нем жила дикость.
Su amor por Thornton era demasiado grande como para permitirle robarle algo.
Его любовь к Торнтону была слишком велика, чтобы позволить этому человеку что-то украсть.
Pero en cualquier otro campamento, robaría con valentía y sin pausa.
Но в любом другом лагере он воровал бы смело и без промедления.
Era tan astuto al robar que nadie podía atraparlo ni acusarlo.
Он был настолько искусен в воровстве, что никто не мог его поймать или обвинить.
Su rostro y su cuerpo estaban cubiertos de cicatrices de muchas peleas pasadas.
Его лицо и тело были покрыты шрамами от многочисленных прошлых боев.
Buck seguía luchando con fiereza, pero ahora luchaba con más astucia.
Бак по-прежнему яростно сражался, но теперь он сражался более хитро.
Skeet y Nig eran demasiado amables para pelear, y eran de Thornton.
Скит и Ниг были слишком слабы, чтобы сражаться, и они принадлежали Торнтону.
Pero cualquier perro extraño, por fuerte o valiente que fuese, cedía.
Но любая чужая собака, какой бы сильной и храброй она ни была, сдавалась.
De lo contrario, el perro se encontraría luchando contra Buck; luchando por su vida.
В противном случае собаке пришлось бы сражаться с Бэком, бороться за свою жизнь.
Buck no tuvo piedad una vez que decidió pelear contra otro perro.

Бэк не знал жалости, когда решал вступить в схватку с другой собакой.

Había aprendido bien la ley del garrote y el colmillo en las Tierras del Norte.

Он хорошо усвоил закон дубинки и клыка в Северных землях.

Él nunca renunció a una ventaja y nunca se retractó de la batalla.

Он никогда не упускал преимущества и никогда не отступал от битвы.

Había estudiado a los Spitz y a los perros más feroces del correo y de la policía.

Он изучал шпицев и самых свирепых почтовых и полицейских собак.

Sabía claramente que no había término medio en un combate salvaje.

Он ясно понимал, что в жестокой схватке не может быть золотой середины.

Él debía gobernar o ser gobernado; mostrar misericordia significaba mostrar debilidad.

Он должен был править или быть управляемым; проявить милосердие означало проявить слабость.

Mercy era una desconocida en el crudo y brutal mundo de la supervivencia.

В этом грубом и жестоком мире выживания милосердие было неведомо.

Mostrar misericordia era visto como miedo, y el miedo conducía rápidamente a la muerte.

Проявление милосердия воспринималось как страх, а страх быстро приводил к смерти.

La antigua ley era simple: matar o ser asesinado, comer o ser comido.

Старый закон был прост: убей или будешь убит, ешь или будешь съеден.

Esa ley vino desde las profundidades del tiempo, y Buck la siguió plenamente.

Этот закон пришел из глубины веков, и Бак следовал ему неукоснительно.

Buck era mayor que su edad y el número de respiraciones que tomaba.

Бак был старше своих лет и старше, чем предполагалось, судя по количеству сделанных им вдохов.

Conectó claramente el pasado antiguo con el momento presente.

Он ясно связал древнее прошлое с настоящим моментом.

Los ritmos profundos de las épocas lo atravesaban como mareas.

Глубокие ритмы веков проносились сквозь него, словно приливы и отливы.

El tiempo latía en su sangre con la misma seguridad con la que las estaciones movían la tierra.

Время пульсировало в его крови так же уверенно, как времена года двигали Землю.

Se sentó junto al fuego de Thornton, con el pecho fuerte y los colmillos blancos.

Он сидел у костра Торнтона, с мощной грудью и белыми клыками.

Su largo pelaje ondeaba, pero detrás de él los espíritus de los perros salvajes observaban.

Его длинная шерсть развевалась, но за ним наблюдали духи диких собак.

Lobos medio y lobos completos se agitaron dentro de su corazón y sus sentidos.

В его сердце и чувствах шевелились полуволки и полные волки.

Probaron su carne y bebieron la misma agua que él.

Они попробовали его мясо и выпили ту же воду, что и он.

Olfatearon el viento junto a él y escucharon el bosque.

Они шли рядом с ним и принюхивались к ветру и лесу.

Susurraron los significados de los sonidos salvajes en la oscuridad.

Они нашептывали в темноте значение диких звуков.

Ellos moldearon sus estados de ánimo y guiaron cada una de sus reacciones tranquilas.
Они формировали его настроение и направляли каждую из его тихих реакций.

Se quedaron con él mientras dormía y se convirtieron en parte de sus sueños más profundos.
Они лежали рядом с ним, пока он спал, и стали частью его глубоких снов.

Soñaron con él, más allá de él, y constituyeron su propio espíritu.
Они мечтали вместе с ним, за его пределами и составляли его душу.

Los espíritus de la naturaleza llamaron con tanta fuerza que Buck se sintió atraído.
Духи дикой природы звали его так сильно, что Бак почувствовал притяжение.

Cada día, la humanidad y sus reivindicaciones se debilitaban más en el corazón de Buck.
С каждым днем человечество и его притязания становились все слабее в сердце Бака.

En lo profundo del bosque, un llamado extraño y emocionante estaba por surgir.
Где-то в глубине леса раздался странный и волнующий зов.

Cada vez que escuchaba el llamado, Buck sentía un impulso que no podía resistir.
Каждый раз, когда Бак слышал этот зов, он чувствовал желание, которому не мог противиться.

Él iba a alejarse del fuego y de los caminos humanos trillados.
Он собирался отвернуться от огня и от проторенных человеческих путей.

Iba a adentrarse en el bosque, avanzando sin saber por qué.
Он собирался нырнуть в лес, двигаясь вперед, сам не зная зачем.

Él no cuestionó esta atracción porque el llamado era profundo y poderoso.

Он не подвергал сомнению этот призыв, поскольку зов был глубоким и сильным.

A menudo, alcanzaba la sombra verde y la tierra suave e intacta.

Часто он достигал зеленой тени и мягкой нетронутой земли.

Pero entonces el fuerte amor por John Thornton lo atrajo de nuevo al fuego.

Но затем сильная любовь к Джону Торнтону снова вернула его к огню.

Sólo John Thornton realmente pudo sostener en sus manos el corazón salvaje de Buck.

Только Джон Торнтон по-настоящему держал в своих руках дикое сердце Бака.

El resto de la humanidad no tenía ningún valor o significado duradero para Buck.

Остальное человечество не имело для Бака никакой непреходящей ценности или значения.

Los extraños podrían elogiarlo o acariciar su pelaje con manos amistosas.

Незнакомцы могут хвалить его или дружески гладить его шерсть.

Buck permaneció impasible y se alejó por demasiado afecto.

Бэк остался невозмутим и отошел от избытка чувств.

Hans y Pete llegaron con la balsa que habían esperado durante tanto tiempo.

Ганс и Пит прибыли на плоту, которого долго ждали.

Buck los ignoró hasta que supo que estaban cerca de Thornton.

Бак игнорировал их, пока не узнал, что они находятся недалеко от Торнтона.

Después de eso, los toleró, pero nunca les mostró total calidez.

После этого он терпел их, но никогда не проявлял к ним полной теплоты.

Él aceptaba comida o gentileza de ellos como si les estuviera haciendo un favor.

Он принимал от них еду и ласку, как будто делал им одолжение.

Eran como Thornton: sencillos, honestos y claros en sus pensamientos.

Они были похожи на Торнтона — простые, честные и с ясными мыслями.

Todos juntos viajaron al aserradero de Dawson y al gran remolino.

Все вместе они отправились на лесопилку Доусона и к большому водовороту.

En su viaje aprendieron a comprender profundamente la naturaleza de Buck.

Во время своего путешествия они научились глубоко понимать натуру Бака.

No intentaron acercarse como lo habían hecho Skeet y Nig.

Они не пытались сблизиться, как Скит и Ниг.

Pero el amor de Buck por John Thornton solo se profundizó con el tiempo.

Но любовь Бака к Джону Торнтону со временем только крепла.

Sólo Thornton podía colocar una mochila en la espalda de Buck en el verano.

Только Торнтон мог летом накинуть рюкзак на спину Бэка.

Cualquiera que fuera lo que Thornton ordenaba, Buck estaba dispuesto a hacerlo a cabalidad.

Что бы ни приказал Торнтон, Бак был готов выполнить в полном объеме.

Un día, después de que dejaron Dawson hacia las cabeceras del río Tanana,

Однажды, после того как они покинули Доусон и направились к верховьям Тананы,

El grupo se sentó en un acantilado que caía un metro hasta el lecho rocoso desnudo.

Группа сидела на скале, обрывавшейся на три фута к голой скале.

John Thornton se sentó cerca del borde y Buck descansó a su lado.

Джон Торнтон сидел у края, а Бак отдыхал рядом с ним.

Thornton tuvo una idea repentina y llamó la atención de los hombres.

Торнтону внезапно пришла в голову мысль, и он привлек внимание мужчин.

Señaló hacia el otro lado del abismo y le dio a Buck una única orden.

Он указал на пропасть и отдал Бак одну команду.

—¡Salta, Buck! —dijo, extendiendo el brazo por encima del precipicio.

«Прыгай, Бак!» — сказал он, замахнувшись рукой над пропастью.

En un momento, tuvo que agarrar a Buck, quien estaba saltando para obedecer.

Через мгновение ему пришлось схватить Бака, который прыгнул, чтобы повиноваться.

Hans y Pete corrieron hacia adelante y los pusieron a ambos a salvo.

Ганс и Пит бросились вперед и оттащили обоих в безопасное место.

Cuando todo terminó y recuperaron el aliento, Pete habló.

Когда все закончилось и они перевели дух, заговорил Пит.

"El amor es extraño", dijo, conmocionado por la feroz devoción del perro.

«Эта любовь сверхъестественна», — сказал он, потрясенный яростной преданностью собаки.

Thornton meneó la cabeza y respondió con seriedad y calma.

Торнтон покачал головой и ответил со спокойной серьезностью.

"No, el amor es espléndido", dijo, "pero también terrible".

«Нет, любовь прекрасна, — сказал он, — но и ужасна».

"A veces, debo admitirlo, este tipo de amor me da miedo".

«Иногда, должен признаться, такая любовь пугает меня».

Pete asintió y dijo: "Odiaría ser el hombre que te toque".

Пит кивнул и сказал: «Я бы не хотел быть тем мужчиной, который тебя коснется».

Miró a Buck mientras hablaba, serio y lleno de respeto.

Говоря это, он смотрел на Бака серьезно и с уважением.

—¡Py Jingo! —dijo Hans rápidamente—. Yo tampoco, señor.

«Py Jingo!» — быстро сказал Ганс. «Я тоже, нет, сэр».

Antes de que terminara el año, los temores de Pete se hicieron realidad en Circle City.

Еще до конца года опасения Пита в Серкл-Сити оправдались.

Un hombre cruel llamado Black Burton provocó una pelea en el bar.

Жестокий человек по имени Блэк Бертон затеял драку в баре.

Estaba enojado y malicioso, arremetiendo contra un nuevo novato.

Он был зол и злобен, набрасывался на нового новичка.

John Thornton entró en escena, tranquilo y afable como siempre.

Вошел Джон Торнтон, как всегда спокойный и добродушный.

Buck yacía en un rincón, con la cabeza gacha, observando a Thornton de cerca.

Бак лежал в углу, опустив голову, и внимательно наблюдал за Торнтоном.

Burton atacó de repente, y su puñetazo hizo que Thornton girara.

Бёртон внезапно нанес удар, от которого Торнтон развернулся.

Sólo la barandilla de la barra evitó que se estrellara con fuerza contra el suelo.

Только перила бара удержали его от сильного падения на землю.

Los observadores oyeron un sonido que no era un ladrido ni un aullido.

Наблюдатели услышали звук, который не был похож ни на лай, ни на визг.
Un rugido profundo salió de Buck mientras se lanzaba hacia el hombre.
Бак издал глубокий рев, бросившись на мужчину.
Burton levantó el brazo y apenas salvó su vida.
Бертон вскинул руку и едва спас свою жизнь.
Buck se estrelló contra él y lo tiró al suelo.
Бак врезался в него, сбив его с ног и повалив на пол.
Buck mordió profundamente el brazo del hombre y luego se abalanzó sobre su garganta.
Бак глубоко впился зубами в руку мужчины, а затем бросился к горлу.
Burton sólo pudo bloquearlo parcialmente y su cuello quedó destrozado.
Бертон смог лишь частично заблокировать удар, и его шея была разорвана.
Los hombres se apresuraron a entrar, con los garrotes en alto, y apartaron a Buck del hombre sangrante.
Мужчины ворвались туда, подняли дубинки и оттолкнули Бака от истекающего кровью мужчины.
Un cirujano trabajó rápidamente para detener la fuga de sangre.
Хирург быстро остановил кровотечение.
Buck caminaba de un lado a otro y gruñía, intentando atacar una y otra vez.
Бэк ходил взад-вперед и рычал, пытаясь атаковать снова и снова.
Sólo los golpes con los palos le impidieron llegar hasta Burton.
Только размахивание дубинками помешало ему добраться до Бертона.
Allí mismo se convocó y celebró una asamblea de mineros.
Тут же на месте был созван и проведен митинг шахтеров.
Estuvieron de acuerdo en que Buck había sido provocado y votaron por liberarlo.

Они согласились, что Бака спровоцировали, и проголосовали за его освобождение.

Pero el feroz nombre de Buck ahora resonaba en todos los campamentos de Alaska.

Но свирепое имя Бака теперь разносилось по всем лагерям Аляски.

Más tarde ese otoño, Buck salvó a Thornton nuevamente de una nueva manera.

Позже той осенью Бак снова спас Торнтона, но уже новым способом.

Los tres hombres guiaban un bote largo por rápidos agitados.

Трое мужчин вели длинную лодку по бурным порогам.

Thornton tripulaba el bote, gritando instrucciones para llegar a la costa.

Торнтон управлял лодкой, отдавая команды на пути к берегу.

Hans y Pete corrieron por la tierra, sosteniendo una cuerda de árbol a árbol.

Ганс и Пит бежали по суше, держась за веревку от дерева к дереву.

Buck seguía el ritmo en la orilla, siempre observando a su amo.

Бэк шагал по берегу, не сводя глаз с хозяина.

En un lugar desagradable, las rocas sobresalían bajo el agua rápida.

В одном опасном месте из-под быстрой воды торчали камни.

Hans soltó la cuerda y Thornton dirigió el bote hacia otro lado.

Ганс отпустил веревку, и Торнтон направил лодку в сторону.

Hans corrió para alcanzar el barco nuevamente más allá de las rocas peligrosas.

Ганс побежал, чтобы снова догнать лодку, минуя опасные скалы.

El barco superó la cornisa pero se topó con una parte más fuerte de la corriente.
Лодка преодолела уступ, но попала в более сильный участок течения.
Hans agarró la cuerda demasiado rápido y desequilibró el barco.
Ганс схватил веревку слишком быстро и вывел лодку из равновесия.
El barco se volcó y se estrelló contra la orilla, boca abajo.
Лодка перевернулась и врезалась в берег днищем вверх.
Thornton fue arrojado y arrastrado hacia la parte más salvaje del agua.
Торнтона выбросило за борт и унесло в самое бурное место.
Ningún nadador habría podido sobrevivir en esas aguas turbulentas y mortales.
Ни один пловец не смог бы выжить в этих смертоносных, бурных водах.
Buck saltó instantáneamente y persiguió a su amo río abajo.
Бэк тут же прыгнул в воду и погнался за хозяином вниз по реке.
Después de trescientos metros, llegó por fin a Thornton.
Пройдя триста ярдов, он наконец добрался до Торнтона.
Thornton agarró la cola de Buck y Buck se giró hacia la orilla.
Торнтон схватил Бака за хвост, и тот повернул к берегу.
Nadó con todas sus fuerzas, luchando contra el arrastre salvaje del agua.
Он плыл изо всех сил, борясь с сильным сопротивлением воды.
Se movieron río abajo más rápido de lo que podían llegar a la orilla.
Они двигались вниз по течению быстрее, чем успевали достичь берега.
Más adelante, el río rugía cada vez más fuerte mientras caía en rápidos mortales.

Впереди река ревела громче, падая в смертоносные пороги.
Las rocas cortaban el agua como los dientes de un peine enorme.
Камни разрезали воду, словно зубья огромного гребня.
La atracción del agua cerca de la caída era salvaje e ineludible.
Притяжение воды возле обрыва было диким и неотвратимым.
Thornton sabía que nunca podrían llegar a la costa a tiempo.
Торнтон знал, что они не смогут добраться до берега вовремя.
Raspó una roca, se estrelló contra otra,
Он прошёлся по одному камню, разбил другой,
Y entonces se estrelló contra una tercera roca, agarrándola con ambas manos.
А затем он врезался в третий камень, схватившись за него обеими руками.
Soltó a Buck y gritó por encima del rugido: "¡Vamos, Buck! ¡Vamos!".
Он отпустил Бака и крикнул, перекрывая рёв: «Вперёд, Бак! Вперёд!»
Buck no pudo mantenerse a flote y fue arrastrado por la corriente.
Бак не смог удержаться на плаву и был унесен течением.
Luchó con todas sus fuerzas, intentando girar, pero no consiguió ningún progreso.
Он упорно боролся, пытаясь повернуться, но не добился никакого прогресса.
Entonces escuchó a Thornton repetir la orden por encima del rugido del río.
Затем он услышал, как Торнтон повторил команду, перекрывая рев реки.
Buck salió del agua y levantó la cabeza como para echar una última mirada.
Бак вынырнул из воды и поднял голову, словно для последнего взгляда.

Luego se giró y obedeció, nadando hacia la orilla con resolución.
Затем повернулся и повиновался, решительно поплыв к берегу.
Pete y Hans lo sacaron a tierra en el último momento posible.
Пит и Ганс вытащили его на берег в последний возможный момент.
Sabían que Thornton podría aferrarse a la roca sólo por unos minutos más.
Они знали, что Торнтон сможет продержаться на скале всего несколько минут.
Corrieron por la orilla hasta un lugar mucho más arriba de donde estaba colgado.
Они побежали по берегу к месту, намного выше того места, где он висел.
Ataron la cuerda del bote al cuello y los hombros de Buck con cuidado.
Они осторожно привязали лодочный трос к шее и плечам Бака.
La cuerda estaba ajustada pero lo suficientemente suelta para permitir la respiración y el movimiento.
Веревка была натянута плотно, но достаточно свободно для дыхания и движения.
Luego lo lanzaron nuevamente al caudaloso y mortal río.
Затем они снова бросили его в бурную, смертоносную реку.
Buck nadó con valentía, pero perdió su ángulo debido a la fuerza de la corriente.
Бак плыл смело, но не попал под струю течения.
Se dio cuenta demasiado tarde de que iba a dejar atrás a Thornton.
Он слишком поздно понял, что его пронесет мимо Торнтона.
Hans tiró de la cuerda con fuerza, como si Buck fuera un barco que se hundía.

Ганс дернул веревку так, словно Бак был переворачивающейся лодкой.

La corriente lo arrastró hacia abajo y desapareció bajo la superficie.

Течение потянуло его под воду, и он исчез под поверхностью.

Su cuerpo chocó contra el banco antes de que Hans y Pete pudieran sacarlo.

Его тело ударилось о берег, прежде чем Ганс и Пит вытащили его.

Estaba medio ahogado y le sacaron el agua a golpes.

Он был полузатоплен, и они выкачали из него воду.

Buck se puso de pie, se tambaleó y volvió a desplomarse en el suelo.

Бак встал, пошатнулся и снова рухнул на землю.

Entonces oyeron la voz de Thornton llevada débilmente por el viento.

Затем они услышали голос Торнтона, слабо доносимый ветром.

Aunque las palabras no eran claras, sabían que estaba cerca de morir.

Хотя слова были неясны, они знали, что он близок к смерти.

El sonido de la voz de Thornton golpeó a Buck como una sacudida eléctrica.

Звук голоса Торнтона поразил Бака словно удар током.

Saltó y corrió por la orilla, regresando al punto de lanzamiento.

Он вскочил и побежал вверх по берегу, возвращаясь к точке старта.

Nuevamente ataron la cuerda a Buck, y nuevamente entró al arroyo.

Они снова привязали веревку к Бэку, и он снова вошел в ручей.

Esta vez nadó directo y firmemente hacia el agua que palpitaba.

На этот раз он решительно и прямо поплыл в бурлящую воду.
Hans soltó la cuerda con firmeza mientras Pete evitaba que se enredara.
Ганс плавно отпускал веревку, а Пит следил, чтобы она не запутывалась.
Buck nadó con fuerza hasta que estuvo alineado justo encima de Thornton.
Бак плыл изо всех сил, пока не оказался прямо над Торнтоном.
Luego se dio la vuelta y se lanzó hacia abajo como un tren a toda velocidad.
Затем он повернулся и помчался вниз, словно поезд на полной скорости.
Thornton lo vio venir, se preparó y le rodeó el cuello con los brazos.
Торнтон увидел его, приготовился и обхватил руками его шею.
Hans ató la cuerda fuertemente alrededor de un árbol mientras ambos eran arrastrados hacia abajo.
Ганс крепко привязал веревку к дереву, и их обоих потянуло под воду.
Cayeron bajo el agua y se estrellaron contra rocas y escombros del río.
Они падали под воду, разбиваясь о камни и речной мусор.
En un momento Buck estaba arriba y al siguiente Thornton se levantó jadeando.
В один момент Бак был сверху, в следующий момент Торнтон поднялся, задыхаясь.
Maltratados y asfixiados, se desviaron hacia la orilla y se pusieron a salvo.
Избитые и задыхающиеся, они направились к берегу, в безопасное место.
Thornton recuperó el conocimiento, acostado sobre un tronco a la deriva.
Торнтон пришел в сознание, лежа на дрейфующем бревне.

Hans y Pete trabajaron duro para devolverle el aliento y la vida.
Ганс и Пит упорно трудились, чтобы вернуть ему дыхание и жизнь.
Su primer pensamiento fue para Buck, que yacía inmóvil y flácido.
Его первая мысль была о Баке, который лежал неподвижно и безвольно.
Nig aulló sobre el cuerpo de Buck y Skeet le lamió la cara suavemente.
Ниг взвыл над телом Бака, а Скит нежно лизнул его лицо.
Thornton, dolorido y magullado, examinó a Buck con manos cuidadosas.
Торнтон, весь в синяках и ушибах, осторожно осмотрел Бака.
Encontró tres costillas rotas, pero ninguna herida mortal en el perro.
Он обнаружил, что у собаки сломаны три ребра, но смертельных ран не обнаружено.
"Eso lo resuelve", dijo Thornton. "Acamparemos aquí". Y así lo hicieron.
«Это решает все», — сказал Торнтон. «Мы разобьем лагерь здесь». И они это сделали.
Se quedaron hasta que las costillas de Buck sanaron y pudo caminar nuevamente.
Они оставались там до тех пор, пока ребра Бака не зажили и он снова не смог ходить.

Ese invierno, Buck realizó una hazaña que aumentó aún más su fama.
Той зимой Бак совершил подвиг, который еще больше повысил его славу.
Fue menos heroico que salvar a Thornton, pero igual de impresionante.
Это было менее героически, чем спасение Торнтона, но столь же впечатляюще.

En Dawson, los socios necesitaban suministros para un viaje lejano.
В Доусоне партнерам понадобились припасы для дальнего путешествия.
Querían viajar hacia el Este, hacia tierras vírgenes y silvestres.
Они хотели отправиться на Восток, в нетронутые дикие земли.
La escritura de Buck en el Eldorado Saloon hizo posible ese viaje.
Благодаря поступку Бака в салуне «Эльдорадо» эта поездка стала возможной.
Todo empezó con hombres alardeando de sus perros mientras bebían.
Все началось с того, что мужчины хвастались своими собаками за выпивкой.
La fama de Buck lo convirtió en blanco de desafíos y dudas.
Слава Бака сделала его объектом вызовов и сомнений.
Thornton, orgulloso y tranquilo, se mantuvo firme en la defensa del nombre de Buck.
Торнтон, гордый и спокойный, твердо стоял на защите имени Бака.
Un hombre dijo que su perro podía levantar doscientos cincuenta kilos con facilidad.
Один мужчина сказал, что его собака может легко тянуть пятьсот фунтов.
Otro dijo seiscientos, y un tercero se jactó de setecientos.
Другой сказал, что шестьсот, а третий похвастался, что семьсот.
"¡Pfft!" dijo John Thornton, "Buck puede tirar de un trineo de mil libras".
«Пфф!» — сказал Джон Торнтон. «Бак может тянуть сани весом в тысячу фунтов».
Matthewson, un Rey de Bonanza, se inclinó hacia delante y lo desafió.
Мэтьюсон, король Бонанзы, наклонился вперед и бросил ему вызов.

¿Crees que puede poner tanto peso en movimiento?

«Вы думаете, он сможет привести в движение такой вес?»

"¿Y crees que puede tirar del peso cien yardas enteras?"

«И вы думаете, он сможет протянуть этот вес на целых сто ярдов?»

Thornton respondió con frialdad: «Sí. Buck es lo suficientemente bueno como para hacerlo».

Торнтон холодно ответил: «Да. Бак достаточно храбрый, чтобы сделать это».

"Pondrá mil libras en movimiento y las arrastrará cien yardas".

«Он приведет в движение тысячу фунтов и протащит ее на сто ярдов».

Matthewson sonrió lentamente y se aseguró de que todos los hombres escucharan sus palabras.

Мэтьюсон медленно улыбнулся и постарался, чтобы все услышали его слова.

Tengo mil dólares que dicen que no puede. Ahí está.

«У меня есть тысяча долларов, которая говорит, что он не сможет. Вот она».

Arrojó un saco de polvo de oro del tamaño de una salchicha sobre la barra.

Он швырнул на стойку бара мешок с золотой пылью размером с сосиску.

Nadie dijo una palabra. El silencio se hizo denso y tenso a su alrededor.

Никто не сказал ни слова. Тишина вокруг них стала тяжелой и напряженной.

El engaño de Thornton —si es que lo hubo— había sido tomado en serio.

Блеф Торнтона — если это был блеф — был воспринят всерьез.

Sintió que el calor le subía a la cara mientras la sangre le subía a las mejillas.

Он почувствовал, как к лицу приливает жар, а кровь прилила к щекам.

En ese momento su lengua se había adelantado a su razón.

В этот момент его язык опередил разум.
Realmente no sabía si Buck podría mover mil libras.
Он действительно не знал, сможет ли Бак поднять тысячу фунтов.
¡Media tonelada! Solo su tamaño le hacía sentir un gran peso en el corazón.
Полтонны! От одного только размера у него на сердце стало тяжело.
Tenía fe en la fuerza de Buck y creía que era capaz.
Он верил в силу Бака и считал его способным.
Pero nunca se había enfrentado a un desafío así, no de esta manera.
Но он никогда не сталкивался с подобными испытаниями.
Una docena de hombres lo observaban en silencio, esperando ver qué haría.
Дюжина мужчин молча наблюдали за ним, ожидая, что он сделает.
Él no tenía el dinero, ni tampoco Hans ni Pete.
У него не было денег, как и у Ганса с Питом.
"Tengo un trineo afuera", dijo Matthewson fría y directamente.
«У меня на улице есть сани», — холодно и прямо сказал Мэтьюсон.
"Está cargado con veinte sacos de cincuenta libras cada uno, todo de harina.
«Он загружен двадцатью мешками, по пятьдесят фунтов каждый, все с мукой.
Así que no dejen que un trineo perdido sea su excusa ahora", añadió.
Так что не позволяйте пропавшим саням стать вашим оправданием», — добавил он.
Thornton permaneció en silencio. No sabía qué decir.
Торнтон молчал. Он не знал, какие слова предложить.
Miró a su alrededor los rostros sin verlos con claridad.
Он оглядел лица, но не мог их ясно разглядеть.
Parecía un hombre congelado en sus pensamientos, intentando reiniciarse.

Он был похож на человека, застывшего в мыслях и пытающегося начать все сначала.

Luego vio a Jim O'Brien, un amigo de la época de Mastodon.

Затем он увидел Джима О'Брайена, друга со времен Mastodon.

Ese rostro familiar le dio un coraje que no sabía que tenía.

Это знакомое лицо придало ему смелости, о существовании которой он и не подозревал.

Se giró y preguntó en voz baja: "¿Puedes prestarme mil?"

Он повернулся и тихо спросил: «Можете ли вы одолжить мне тысячу?»

"Claro", dijo O'Brien, dejando caer un pesado saco junto al oro.

«Конечно», — сказал О'Брайен, уже сбросив тяжелый мешок с золотом.

"Pero la verdad, John, no creo que la bestia pueda hacer esto".

«Но, честно говоря, Джон, я не верю, что зверь способен на это».

Todos los que estaban en el Eldorado Saloon corrieron hacia afuera para ver el evento.

Все посетители салуна «Эльдорадо» выбежали на улицу, чтобы посмотреть на событие.

Abandonaron las mesas y las bebidas, e incluso los juegos se pausaron.

Они оставили столы и напитки, и даже игры были приостановлены.

Comerciantes y jugadores acudieron para presenciar el final de la audaz apuesta.

Дилеры и игроки пришли стать свидетелями конца смелого пари.

Cientos de personas se reunieron alrededor del trineo en la calle helada y abierta.

Сотни людей собрались вокруг саней на открытой ледяной улице.

El trineo de Matthewson estaba cargado con un montón de sacos de harina.

Сани Мэтьюсона были полностью загружены мешками с мукой.

El trineo había permanecido parado durante horas a temperaturas bajo cero.

Сани простояли несколько часов при минусовой температуре.

Los patines del trineo estaban congelados y pegados a la nieve compacta.

Полозья саней намертво примерзли к утрамбованному снегу.

Los hombres ofrecieron dos a uno de que Buck no podría mover el trineo.

Мужчины поставили два к одному на то, что Бак не сможет сдвинуть сани.

Se desató una disputa sobre lo que realmente significaba "break out".

Разгорелся спор о том, что на самом деле означает слово «прорваться».

O'Brien dijo que Thornton debería aflojar la base congelada del trineo.

О'Брайен сказал, что Торнтону следует ослабить замороженное основание саней.

Buck pudo entonces "escapar" de un comienzo sólido e inmóvil.

Затем Бак смог «вырваться» из твердого, неподвижного старта.

Matthewson argumentó que el perro también debe liberar a los corredores.

Мэтьюсон утверждал, что собака также должна освободить бегунов.

Los hombres que habían escuchado la apuesta estuvieron de acuerdo con la opinión de Matthewson.

Люди, слышавшие о пари, согласились с точкой зрения Мэтьюсона.

Con esa decisión, las probabilidades aumentaron a tres a uno en contra de Buck.

После этого решения шансы на победу Бака возросли до трех к одному.

Nadie se animó a asumir las crecientes probabilidades de tres a uno.

Никто не решился принять растущие шансы три к одному.

Ningún hombre creyó que Buck pudiera realizar la gran hazaña.

Ни один человек не верил, что Бак способен совершить такой великий подвиг.

Thornton se había apresurado a hacer la apuesta, cargado de dudas.

Торнтон поспешно заключил пари, полный сомнений.

Ahora miró el trineo y el equipo de diez perros que estaba a su lado.

Теперь он посмотрел на сани и упряжку из десяти собак рядом с ними.

Ver la realidad de la tarea la hizo parecer más imposible.

Осознание реальности задачи сделало ее еще более невыполнимой.

Matthewson estaba lleno de orgullo y confianza en ese momento.

В тот момент Мэтьюсон был полон гордости и уверенности.

—¡Tres a uno! —gritó—. ¡Apuesto mil más, Thornton!

«Три к одному!» — крикнул он. «Ставлю еще тысячу, Торнтон!

"¿Qué dices?" añadió lo suficientemente alto para que todos lo oyeran.

Что ты скажешь?» — добавил он достаточно громко, чтобы все услышали.

El rostro de Thornton mostraba sus dudas, pero su ánimo se había elevado.

На лице Торнтона отразились сомнения, но дух его воспрял.

Ese espíritu de lucha ignoraba las probabilidades y no temía a nada en absoluto.

Этот боевой дух не признавал трудностей и не боялся ничего.

Llamó a Hans y Pete para que trajeran todo su dinero a la mesa.

Он позвонил Гансу и Питу, чтобы они принесли все свои деньги.

Les quedaba poco: sólo doscientos dólares en total.

У них осталось совсем немного — всего двести долларов.

Esta pequeña suma constituía su fortuna total en tiempos difíciles.

Эта небольшая сумма была их единственным богатством в трудные времена.

Aún así, apostaron toda su fortuna contra la apuesta de Matthewson.

Тем не менее, они поставили все свое состояние на ставку Мэтьюсона.

El equipo de diez perros fue desenganchado y se alejó del trineo.

Упряжку из десяти собак отцепили и отвели от саней.

Buck fue colocado en las riendas, vistiendo su arnés familiar.

Бэка посадили на поводья, надев на него знакомую сбрую.

Había captado la energía de la multitud y sentía la tensión.

Он уловил энергию толпы и почувствовал напряжение.

De alguna manera, sabía que tenía que hacer algo por John Thornton.

Каким-то образом он понял, что должен что-то сделать для Джона Торнтона.

La gente murmuraba con admiración ante la orgullosa figura del perro.

Люди восхищенно перешептывались, глядя на гордую фигуру собаки.

Era delgado y fuerte, sin un solo gramo de carne extra.

Он был поджарым и сильным, без единой лишней унции жира.

Su peso total de ciento cincuenta libras era todo potencia y resistencia.

Его полный вес в сто пятьдесят фунтов был воплощением силы и выносливости.
El pelaje de Buck brillaba como la seda, espeso y saludable.
Шерсть Бэка блестела, как шелк, густая от здоровья и силы.
El pelaje a lo largo de su cuello y hombros pareció levantarse y erizarse.
Шерсть на его шее и плечах, казалось, встала дыбом.
Su melena se movía levemente, cada cabello vivo con su gran energía.
Его грива слегка шевелилась, каждый волосок оживал благодаря его огромной энергии.
Su pecho ancho y sus piernas fuertes hacían juego con su cuerpo pesado y duro.
Его широкая грудь и сильные ноги соответствовали его тяжелому, крепкому телу.
Los músculos se ondulaban bajo su abrigo, tensos y firmes como hierro.
Под его пальто перекатывались мускулы, упругие и крепкие, как кованое железо.
Los hombres lo tocaron y juraron que estaba construido como una máquina de acero.
Мужчины прикасались к нему и клялись, что он был сложен, как стальная машина.
Las probabilidades bajaron levemente a dos a uno contra el gran perro.
Шансы немного снизились до двух к одному против великой собаки.
Un hombre de los bancos Skookum se adelantó, tartamudeando.
Мужчина из Скукумского суда, заикаясь, протиснулся вперед.
—¡Bien, señor! ¡Ofrezco ochocientas libras por él, antes del examen, señor!
"Хорошо, сэр! Я предлагаю за него восемьсот — до испытания, сэр!"

"¡Ochocientos, tal como está ahora mismo!" insistió el hombre.

«Восемьсот, как он стоит сейчас!» — настаивал мужчина.

Thornton dio un paso adelante, sonrió y meneó la cabeza con calma.

Торнтон шагнул вперед, улыбнулся и спокойно покачал головой.

Matthewson intervino rápidamente con una voz de advertencia y el ceño fruncido.

Мэтьюсон быстро вмешался, предупредив и нахмурившись.

—Debes alejarte de él —dijo—. Dale espacio.

«Вы должны отойти от него, — сказал он. — Дайте ему пространство».

La multitud quedó en silencio; sólo los jugadores seguían ofreciendo dos a uno.

Толпа затихла, только игроки продолжали ставить два к одному.

Todos admiraban la complexión de Buck, pero la carga parecía demasiado grande.

Все восхищались телосложением Бака, но груз казался слишком большим.

Veinte sacos de harina, cada uno de cincuenta libras de peso, parecían demasiados.

Двадцать мешков муки — каждый весом в пятьдесят фунтов — показались мне слишком большим грузом.

Nadie estaba dispuesto a abrir su bolsa y arriesgar su dinero.

Никто не хотел открывать свой кошелек и рисковать своими деньгами.

Thornton se arrodilló junto a Buck y tomó su cabeza con ambas manos.

Торнтон опустился на колени рядом с Баком и взял его голову обеими руками.

Presionó su mejilla contra la de Buck y le habló al oído.

Он прижался щекой к щеке Бака и заговорил ему на ухо.

Ya no había apretones juguetones ni susurros de insultos amorosos.

Больше не было игривых пожатий или шепота любовных оскорблений.
Él sólo murmuró suavemente: "Tanto como me amas, Buck".
Он только тихо пробормотал: «Как бы сильно ты меня ни любил, Бак».
Buck dejó escapar un gemido silencioso, su entusiasmo apenas fue contenido.
Бак тихонько заскулил, его рвение было едва сдержано.
Los espectadores observaron con curiosidad cómo la tensión llenaba el aire.
Зрители с любопытством наблюдали, как в воздухе царит напряжение.
El momento parecía casi irreal, como algo más allá de la razón.
Этот момент казался почти нереальным, чем-то выходящим за рамки разумного.
Cuando Thornton se puso de pie, Buck tomó suavemente su mano entre sus mandíbulas.
Когда Торнтон встал, Бак осторожно взял его руку в свои челюсти.
Presionó con los dientes y luego lo soltó lenta y suavemente.
Он надавил зубами, а затем медленно и осторожно отпустил.
Fue una respuesta silenciosa de amor, no dicha, pero entendida.
Это был молчаливый ответ любви, не высказанный, но понятый.
Thornton se alejó bastante del perro y dio la señal.
Торнтон отошел от собаки на достаточное расстояние и подал сигнал.
—Ahora, Buck —dijo, y Buck respondió con calma y concentración.
«Ну, Бак», — сказал он, и Бак ответил сосредоточенно и спокойно.
Buck apretó las correas y luego las aflojó unos centímetros.
Бак натянул постромки, а затем ослабил их на несколько дюймов.

Éste era el método que había aprendido; su manera de romper el trineo.

Это был метод, которому он научился; его способ сломать сани.

—¡Caramba! —gritó Thornton con voz aguda en el pesado silencio.

«Ух ты!» — крикнул Торнтон, его голос прозвучал резко в тяжелой тишине.

Buck giró hacia la derecha y se lanzó con todo su peso.

Бак повернулся вправо и бросился вперед всем своим весом.

La holgura desapareció y la masa total de Buck golpeó las cuerdas apretadas.

Провисание исчезло, и вся масса Бака ударилась о натянутые постромки.

El trineo tembló y los patines produjeron un crujido crujiente.

Сани задрожали, полозья издали резкий треск.

—¡Ja! —ordenó Thornton, cambiando nuevamente la dirección de Buck.

«Ха!» — скомандовал Торнтон, снова меняя направление движения Бака.

Buck repitió el movimiento, esta vez tirando bruscamente hacia la izquierda.

Бак повторил движение, на этот раз резко повернув влево.

El trineo crujió más fuerte y los patines crujieron y se movieron.

Сани затрещали громче, полозья затрещали и задвигались.

La pesada carga se deslizó ligeramente hacia un lado sobre la nieve congelada.

Тяжелый груз слегка скользил вбок по замерзшему снегу.

¡El trineo se había soltado del sendero helado!

Сани вырвались из цепких объятий ледяной тропы!

Los hombres contenían la respiración, sin darse cuenta de que ni siquiera estaban respirando.

Мужчины затаили дыхание, не осознавая, что они даже не дышат.

—¡Ahora, TIRA! —gritó Thornton a través del silencio helado.

«Теперь ТЯНИ!» — крикнул Торнтон сквозь застывшую тишину.

La orden de Thornton sonó aguda, como el chasquido de un látigo.

Приказ Торнтона прозвучал резко, как удар хлыста.

Buck se lanzó hacia adelante con una estocada feroz y estremecedora.

Бак бросился вперед яростным и резким рывком.

Todo su cuerpo se tensó y se arrugó por la enorme tensión.

Все его тело напряглось и сжалось от огромной нагрузки.

Los músculos se ondulaban bajo su pelaje como serpientes que cobraban vida.

Мышцы перекатывались под его шерстью, словно оживающие змеи.

Su gran pecho estaba bajo y la cabeza estirada hacia delante, hacia el trineo.

Его большая грудь была опущена, голова вытянута вперед, к саням.

Sus patas se movían como un rayo y sus garras cortaban el suelo helado.

Его лапы двигались со скоростью молнии, когти разрезали мерзлую землю.

Los surcos se abrieron profundos mientras luchaba por cada centímetro de tracción.

Борозды были глубокими, поскольку он боролся за каждый дюйм сцепления.

El trineo se balanceó, tembló y comenzó un movimiento lento e inquieto.

Сани качнулись, задрожали и начали медленное, беспокойное движение.

Un pie resbaló y un hombre entre la multitud gimió en voz alta.

Одна нога поскользнулась, и кто-то в толпе громко застонал.

Entonces el trineo se lanzó hacia adelante con un movimiento brusco y espasmódico.

Затем сани рванули вперед резким, резким движением.

No se detuvo de nuevo: media pulgada... una pulgada... dos pulgadas más.

Он больше не останавливался — еще полдюйма... дюйм... два дюйма.

Los tirones se hicieron más pequeños a medida que el trineo empezó a ganar velocidad.

По мере того, как сани набирали скорость, рывки становились слабее.

Pronto Buck estaba tirando con una potencia suave, uniforme y rodante.

Вскоре Бак уже тянул с плавной, ровной, катящейся силой.

Los hombres jadearon y finalmente recordaron respirar de nuevo.

Мужчины ахнули и, наконец, снова вспомнили, что нужно дышать.

No se habían dado cuenta de que su respiración se había detenido por el asombro.

Они не заметили, как от благоговения у них перехватило дыхание.

Thornton corrió detrás, gritando órdenes breves y alegres.

Торнтон бежал позади, выкрикивая короткие, веселые команды.

Más adelante había una pila de leña que marcaba la distancia.

Впереди виднелась поленница дров, обозначавшая расстояние.

A medida que Buck se acercaba a la pila, los vítores se hacían cada vez más fuertes.

По мере того, как Бак приближался к куче, крики становились все громче и громче.

Los aplausos aumentaron hasta convertirse en un rugido cuando Buck pasó el punto final.

Когда Бак миновал конечную точку, крики радости переросли в рев.

Los hombres saltaron y gritaron, incluso Matthewson sonrió.

Мужчины подпрыгивали и кричали, даже Мэтьюсон расплылся в улыбке.

Los sombreros volaron por el aire y los guantes fueron arrojados sin pensar ni rumbo.

Шапки летели в воздух, варежки швырялись без всякой цели и мысли.

Los hombres se abrazaron y se dieron la mano sin saber a quién.

Мужчины обнимали друг друга и пожимали руки, не зная, кому именно.

Toda la multitud vibró en una celebración salvaje y alegre.

Вся толпа гудела от бурного, радостного ликования.

Thornton cayó de rodillas junto a Buck con manos temblorosas.

Торнтон упал на колени рядом с Баком, его руки дрожали.

Apretó su cabeza contra la de Buck y lo sacudió suavemente hacia adelante y hacia atrás.

Он прижал свою голову к голове Бака и легонько покачал его взад и вперед.

Los que se acercaron le oyeron maldecir al perro con silencioso amor.

Приходившие слышали, как он с тихой любовью проклинал собаку.

Maldijo a Buck durante un largo rato, suavemente, cálidamente, con emoción.

Он долго ругал Бака — тихо, горячо, эмоционально.

—¡Bien, señor! ¡Bien, señor! —gritó el rey del Banco Skookum a toda prisa.

«Хорошо, сэр! Хорошо, сэр!» — в спешке воскликнул король Скукум-Бенч.

—¡Le daré mil, no, mil doscientos, por ese perro, señor!

«Я дам вам тысячу — нет, тысячу двести — за эту собаку, сэр!»

Thornton se puso de pie lentamente, con los ojos brillantes de emoción.

Торнтон медленно поднялся на ноги, его глаза сияли от волнения.

Las lágrimas corrían abiertamente por sus mejillas sin ninguna vergüenza.

Слезы текли по его щекам, не вызывая никакого стыда.

"Señor", le dijo al rey del Banco Skookum, firme y firme.

«Сэр», — сказал он королю Скукум-Бенч, твердо и твердо.

—No, señor. Puede irse al infierno, señor. Esa es mi última respuesta.

«Нет, сэр. Вы можете идти к черту, сэр. Это мой окончательный ответ».

Buck agarró suavemente la mano de Thornton con sus fuertes mandíbulas.

Бак нежно схватил руку Торнтона своими сильными челюстями.

Thornton lo sacudió juguetonamente; su vínculo era más profundo que nunca.

Торнтон игриво встряхнул его, их связь была крепка, как никогда.

La multitud, conmovida por el momento, retrocedió en silencio.

Толпа, тронутая этим моментом, молча отступила.

Desde entonces nadie se atrevió a interrumpir tan sagrado afecto.

С тех пор никто не осмеливался прерывать эту священную привязанность.

El sonido de la llamada
Звук Зова

Buck había ganado mil seiscientos dólares en cinco minutos.
Бак заработал тысячу шестьсот долларов за пять минут.
El dinero permitió a John Thornton pagar algunas de sus deudas.
Эти деньги позволили Джону Торнтону погасить часть своих долгов.
Con el resto del dinero se dirigió al Este con sus socios.
На оставшиеся деньги он вместе со своими партнерами отправился на Восток.
Buscaban una legendaria mina perdida, tan antigua como el país mismo.
Они искали легендарную затерянную шахту, такую же старую, как и сама страна.
Muchos hombres habían buscado la mina, pero pocos la habían encontrado.
Многие искали эту шахту, но мало кто ее нашел.
Más de unos pocos hombres habían desaparecido durante la peligrosa búsqueda.
Во время опасного похода пропало немало людей.
Esta mina perdida estaba envuelta en misterio y vieja tragedia.
Эта затерянная шахта была окутана тайной и давней трагедией.
Nadie sabía quién había sido el primer hombre que encontró la mina.
Никто не знал, кто был первым человеком, нашедшим шахту.
Las historias más antiguas no mencionan a nadie por su nombre.
В самых старых историях не упоминается ни одно имя.
Siempre había habido allí una antigua y destartalada cabaña.
Там всегда стояла старая ветхая хижина.

Los hombres moribundos habían jurado que había una mina al lado de aquella vieja cabaña.
Умирающие клялись, что рядом с той старой хижиной находится мина.

Probaron sus historias con oro como ningún otro en ningún otro lugar.
Они подтвердили свои истории золотом, не имеющим аналогов в других местах.

Ningún alma viviente había jamás saqueado el tesoro de aquel lugar.
Ни одна живая душа никогда не грабила сокровища из этого места.

Los muertos estaban muertos, y los muertos no cuentan historias.
Мертвые были мертвы, а мертвые не рассказывают сказок.

Entonces Thornton y sus amigos se dirigieron al Este.
Итак, Торнтон и его друзья направились на Восток.

Pete y Hans se unieron, trayendo a Buck y seis perros fuertes.
К ним присоединились Пит и Ганс, приведя с собой Бака и шесть сильных собак.

Se embarcaron en un camino desconocido donde otros habían fracasado.
Они отправились по неизвестному пути, где другие потерпели неудачу.

Se deslizaron en trineo setenta millas por el congelado río Yukón.
Они проехали семьдесят миль вверх по замерзшей реке Юкон.

Giraron a la izquierda y siguieron el sendero hacia Stewart.
Они повернули налево и пошли по тропе к Стюарту.

Pasaron Mayo y McQuestion y siguieron adelante.
Они миновали Мейо и МакКвестон и продолжили путь.

El río Stewart se encogió y se convirtió en un arroyo, atravesando picos irregulares.
Стюарт превратился в ручей, пронизывающий острые вершины.

Estos picos afilados marcaban la columna vertebral del continente.
Эти острые пики обозначали самый хребет континента.
John Thornton exigía poco a los hombres y a la tierra salvaje.
Джон Торнтон мало чего требовал от людей и дикой природы.
No temía a nada de la naturaleza y se enfrentaba a lo salvaje con facilidad.
Он не боялся ничего на природе и с легкостью сталкивался с дикой природой.
Con sólo sal y un rifle, podría viajar a donde quisiera.
Имея при себе только соль и винтовку, он мог путешествовать, куда пожелает.
Al igual que los nativos, cazaba alimentos mientras viajaba.
Как и туземцы, он добывал себе пропитание во время своих путешествий.
Si no pescaba nada, seguía adelante, confiando en que la suerte le acompañaría.
Если он ничего не поймал, он продолжал путь, надеясь на удачу.
En este largo viaje, la carne era lo principal que comían.
В этом долгом путешествии основным продуктом их питания было мясо.
El trineo contenía herramientas y municiones, pero no un horario estricto.
В санях находились инструменты и боеприпасы, но не было четкого расписания.
A Buck le encantaba este vagabundeo, la caza y la pesca interminables.
Бэку нравились эти странствия, бесконечная охота и рыбалка.
Durante semanas estuvieron viajando día tras día.
В течение нескольких недель они путешествовали день за днём.
Otras veces montaban campamentos y permanecían allí durante semanas.

В других случаях они разбивали лагеря и оставались неподвижными неделями.
Los perros descansaron mientras los hombres cavaban en la tierra congelada.
Собаки отдыхали, пока мужчины копали замерзшую землю.
Calentaron sartenes sobre el fuego y buscaron oro escondido.
Они грели сковороды на огне и искали спрятанное золото.
Algunos días pasaban hambre y otros días tenían fiestas.
Иногда они голодали, а иногда устраивали пиры.
Sus comidas dependían de la presa y de la suerte de la caza.
Их еда зависела от дичи и удачи на охоте.
Cuando llegaba el verano, los hombres y los perros cargaban cargas sobre sus espaldas.
Когда наступило лето, люди и собаки взвалили на свои спины грузы.
Navegaron por lagos azules escondidos en bosques de montaña.
Они сплавлялись по голубым озерам, скрытым в горных лесах.
Navegaban en delgadas embarcaciones por ríos que ningún hombre había cartografiado jamás.
Они плавали на узких лодках по рекам, которые никто никогда не наносил на карты.
Esos barcos se construyeron a partir de árboles que cortaban en la naturaleza.
Эти лодки были построены из деревьев, которые они спилили в дикой природе.

Los meses pasaron y ellos serpentearon por tierras salvajes y desconocidas.
Шли месяцы, и они петляли по диким неизведанным землям.
No había hombres allí, aunque había rastros antiguos que indicaban que había habido hombres.

Мужчин там не было, но старые следы намекали на то, что они когда-то были.
Si la Cabaña Perdida fue real, entonces otras personas habían pasado por allí alguna vez.
Если Затерянная Хижина существует на самом деле, значит, и другие когда-то проходили этим путем.
Cruzaron pasos altos en medio de tormentas de nieve, incluso en verano.
Они пересекали высокогорные перевалы в метели, даже летом.
Temblaban bajo el sol de medianoche en las laderas desnudas de las montañas.
Они дрожали под полуночным солнцем на голых склонах гор.
Entre la línea de árboles y los campos de nieve, subieron lentamente.
Они медленно поднимались между линией деревьев и снежными полями.
En los valles cálidos, aplastaban nubes de mosquitos y moscas.
В теплых долинах они отмахивались от туч комаров и мух.
Recogieron bayas dulces cerca de los glaciares en plena floración del verano.
Они собирали сладкие ягоды вблизи ледников в период их цветения.
Las flores que encontraron eran tan hermosas como las de las Tierras del Sur.
Цветы, которые они нашли, были такими же прекрасными, как и в Саутленде.
Ese otoño llegaron a una región solitaria llena de lagos silenciosos.
Осенью они достигли уединенного края, полного безмолвных озер.
La tierra estaba triste y vacía, una vez llena de pájaros y bestias.
Земля была печальной и пустынной, когда-то на ней водились птицы и звери.

Ahora no había vida, sólo el viento y el hielo formándose en charcos.
Теперь жизни не было, только ветер и лед, образующийся в лужах.

Las olas golpeaban las orillas vacías con un sonido suave y triste.
Волны плескались о пустые берега с тихим, скорбным звуком.

Llegó otro invierno y volvieron a seguir los viejos y tenues senderos.
Наступила еще одна зима, и они снова пошли по едва заметным старым следам.

Éstos eran los rastros de hombres que habían buscado mucho antes que ellos.
Это были следы людей, которые искали задолго до них.

Un día encontraron un camino que se adentraba profundamente en el bosque oscuro.
Однажды они нашли тропу, ведущую глубоко в темный лес.

Era un sendero antiguo y sintieron que la cabaña perdida estaba cerca.
Это была старая тропа, и они чувствовали, что затерянная хижина где-то рядом.

Pero el sendero no conducía a ninguna parte y se perdía en el espeso bosque.
Но тропа никуда не вела и терялась в густом лесу.

Nadie sabe quién hizo el sendero ni por qué lo hizo.
Кто и зачем проложил этот путь, никто не знает.

Más tarde encontraron los restos de una cabaña escondidos entre los árboles.
Позже они обнаружили руины домика, спрятанные среди деревьев.

Mantas podridas yacían esparcidas donde alguna vez alguien había dormido.
Там, где когда-то кто-то спал, валялись гниющие одеяла.

John Thornton encontró una pistola de chispa de cañón largo enterrada en el interior.
Джон Торнтон нашел внутри длинноствольное кремневое ружье.
Sabía que se trataba de un cañón de la Bahía de Hudson desde los primeros días de su comercialización.
Он знал, что это ружье из Гудзонова залива, еще с первых дней торговли.
En aquella época, estas armas se intercambiaban por montones de pieles de castor.
В те времена такие ружья обменивались на стопки бобровых шкур.
Eso fue todo: no quedó ninguna pista del hombre que construyó el albergue.
Вот и все — никаких следов человека, построившего домик, не сохранилось.

Llegó nuevamente la primavera y no encontraron ninguna señal de la Cabaña Perdida.
Снова пришла весна, но они не нашли никаких следов Затерянной Хижины.
En lugar de eso encontraron un valle amplio con un arroyo poco profundo.
Вместо этого они нашли широкую долину с неглубоким ручьем.
El oro se extendía sobre el fondo de las sartenes como mantequilla suave y amarilla.
Золото растеклось по дну кастрюли, словно гладкое желтое масло.
Se detuvieron allí y no buscaron más la cabaña.
Там они остановились и больше не стали искать хижину.
Cada día trabajaban y encontraban miles en polvo de oro.
Каждый день они работали и находили тысячи золотых рудников.
Empaquetaron el oro en bolsas de piel de alce, de cincuenta libras cada una.

Они упаковали золото в мешки из лосиной шкуры, по пятьдесят фунтов каждый.
Las bolsas estaban apiladas como leña afuera de su pequeña cabaña.
Мешки были сложены, словно дрова, возле их маленького домика.
Trabajaron como gigantes y los días pasaban como sueños rápidos.
Они трудились как гиганты, и дни пролетали как быстрые сны.
Acumularon tesoros a medida que los días interminables transcurrían rápidamente.
Они копили сокровища, пока бесконечные дни быстро текли.
Los perros no tenían mucho que hacer excepto transportar carne de vez en cuando.
Собакам почти нечем было заняться, разве что время от времени таскать мясо.
Thornton cazó y mató el animal, y Buck se quedó tendido junto al fuego.
Торнтон охотился и убивал дичь, а Бак лежал у костра.
Pasó largas horas en silencio, perdido en sus pensamientos y recuerdos.
Он проводил долгие часы в тишине, погруженный в мысли и воспоминания.
La imagen del hombre peludo venía cada vez más a la mente de Buck.
Образ волосатого человека все чаще приходил в голову Бэку.
Ahora que el trabajo escaseaba, Buck soñaba mientras parpadeaba ante el fuego.
Теперь, когда работы стало не хватать, Бак мечтал, моргая и глядя на огонь.
En esos sueños, Buck vagaba con el hombre en otro mundo.
В этих снах Бак странствовал с этим человеком в другом мире.

El miedo parecía el sentimiento más fuerte en ese mundo distante.
Страх казался самым сильным чувством в том далеком мире.

Buck vio al hombre peludo dormir con la cabeza gacha.
Бак увидел, как волосатый человек спит, низко опустив голову.

Tenía las manos entrelazadas y su sueño era inquieto y entrecortado.
Руки его были сцеплены, сон беспокойный и прерывистый.

Solía despertarse sobresaltado y mirar con miedo hacia la oscuridad.
Он просыпался вздрагивая и со страхом смотрел в темноту.

Luego echaba más leña al fuego para mantener la llama brillante.
Затем он подбрасывал в огонь еще дров, чтобы пламя оставалось ярким.

A veces caminaban por una playa junto a un mar gris e interminable.
Иногда они гуляли по пляжу у серого, бескрайнего моря.

El hombre peludo recogía mariscos y los comía mientras caminaba.
Волосатый человек собирал моллюсков и ел их на ходу.

Sus ojos buscaban siempre peligros ocultos en las sombras.
Его глаза всегда искали скрытые опасности в тенях.

Sus piernas siempre estaban listas para correr ante la primera señal de amenaza.
Его ноги всегда были готовы броситься вперед при первых признаках угрозы.

Se arrastraron por el bosque, silenciosos y cautelosos, uno al lado del otro.
Они крались по лесу, молча и осторожно, бок о бок.

Buck lo siguió de cerca y ambos se mantuvieron alerta.
Бак следовал за ним по пятам, и оба оставались начеку.

Sus orejas se movían y temblaban, sus narices olfateaban el aire.
Их уши дергались и двигались, носы нюхали воздух.
El hombre podía oír y oler el bosque tan agudamente como Buck.
Мужчина мог слышать и чувствовать запах леса так же остро, как и Бак.
El hombre peludo se balanceó entre los árboles con una velocidad repentina.
Волосатый человек с неожиданной скоростью промчался сквозь деревья.
Saltaba de rama en rama sin perder nunca su agarre.
Он прыгал с ветки на ветку, ни разу не ослабив хватки.
Se movió tan rápido sobre el suelo como sobre él.
Он двигался над землей так же быстро, как и по ней.
Buck recordó las largas noches bajo los árboles, haciendo guardia.
Бак вспомнил долгие ночи, проведенные под деревьями, на страже.
El hombre dormía recostado en las ramas, aferrado fuertemente.
Мужчина спал, устроившись на ветвях и крепко прижавшись к ним.
Esta visión del hombre peludo estaba estrechamente ligada al llamado profundo.
Это видение волосатого человека было тесно связано с глубинным зовом.
El llamado aún resonaba en el bosque con una fuerza inquietante.
Зов все еще звучал в лесу с пугающей силой.
La llamada llenó a Buck de anhelo y una inquieta sensación de alegría.
Этот зов наполнил Бака тоской и беспокойным чувством радости.
Sintió impulsos y agitaciones extrañas que no podía nombrar.

Он чувствовал странные побуждения и движения, которым не мог дать названия.
A veces seguía la llamada hasta lo profundo del tranquilo bosque.
Иногда он следовал зову в глубь тихих лесов.
Buscó el llamado, ladrando suave o agudamente mientras caminaba.
Он искал зов, тихо или резко лая на ходу.
Olfateó el musgo y la tierra negra donde crecían las hierbas.
Он понюхал мох и черную почву там, где росла трава.
Resopló de alegría ante los ricos olores de la tierra profunda.
Он фыркнул от восторга, вдыхая насыщенные запахи недр земли.
Se agazapó durante horas detrás de troncos cubiertos de hongos.
Он часами сидел, пригнувшись, за стволами деревьев, покрытыми грибком.
Se quedó quieto, escuchando con los ojos muy abiertos cada pequeño sonido.
Он замер, широко раскрытыми глазами прислушиваясь к каждому тихому звуку.
Quizás esperaba sorprender al objeto que le había hecho el llamado.
Возможно, он надеялся удивить то, что вызвало крик.
Él no sabía por qué actuaba así: simplemente lo hacía.
Он не знал, почему он так себя вел, — он просто так себя вел.
Los impulsos venían desde lo más profundo, más allá del pensamiento o la razón.
Побуждения исходили из глубины души, за пределами мысли и разума.
Impulsos irresistibles se apoderaron de Buck sin previo aviso ni razón.
Непреодолимые желания овладели Баком без предупреждения и причины.
A veces dormitaba perezosamente en el campamento bajo el calor del mediodía.

Временами он лениво дремал в лагере под полуденной жарой.
De repente, su cabeza se levantó y sus orejas se levantaron en alerta.
Внезапно он поднял голову и насторожился.
Entonces se levantó de un salto y se lanzó hacia lo salvaje sin detenerse.
Затем он вскочил и, не останавливаясь, бросился в дикую природу.
Corrió durante horas por senderos forestales y espacios abiertos.
Он часами бегал по лесным тропам и открытым пространствам.
Le encantaba seguir los lechos de los arroyos secos y espiar a los pájaros en los árboles.
Он любил ходить по высохшим руслам ручьев и наблюдать за птицами на деревьях.
Podría permanecer escondido todo el día, mirando a las perdices pavonearse.
Он мог целый день лежать, спрятавшись, и наблюдать, как расхаживают куропатки.
Ellos tamborilearon y marcharon, sin percatarse de la presencia todavía de Buck.
Они барабанили и маршировали, не подозревая о присутствии Бака.
Pero lo que más le gustaba era correr al atardecer en verano.
Но больше всего он любил бегать в сумерках летом.
La tenue luz y los sonidos soñolientos del bosque lo llenaron de alegría.
Тусклый свет и сонные звуки леса наполнили его радостью.
Leyó las señales del bosque tan claramente como un hombre lee un libro.
Он читал лесные знаки так же ясно, как человек читает книгу.
Y siempre buscaba aquella cosa extraña que lo llamaba.
И он всегда искал нечто странное, что звало его.

Ese llamado nunca se detuvo: lo alcanzaba despierto o dormido.
Этот зов никогда не прекращался — он доходил до него и во сне, и наяву.

Una noche, se despertó sobresaltado, con los ojos alerta y las orejas alerta.
Однажды ночью он проснулся, вздрогнув, его глаза были напряжены, а уши подняты.

Sus fosas nasales se crisparon mientras su melena se erizaba en ondas.
Его ноздри дрогнули, а грива встала дыбом.

Desde lo profundo del bosque volvió a oírse el sonido, el viejo llamado.
Из глубины леса снова донесся звук, старый зов.

Esta vez el sonido sonó claro, un aullido largo, inquietante y familiar.
На этот раз звук раздался отчетливо — долгий, пронзительный, знакомый вой.

Era como el grito de un husky, pero extraño y salvaje en tono.
Это было похоже на крик хриплой собаки, но по тону оно было странным и диким.

Buck reconoció el sonido al instante: había oído exactamente el mismo sonido hacía mucho tiempo.
Бак сразу узнал этот звук — он слышал его уже давно.

Saltó a través del campamento y desapareció rápidamente en el bosque.
Он проскочил через лагерь и быстро скрылся в лесу.

A medida que se acercaba al sonido, disminuyó la velocidad y se movió con cuidado.
Приблизившись к источнику звука, он замедлил шаг и двигался осторожнее.

Pronto llegó a un claro entre espesos pinos.
Вскоре он вышел на поляну среди густых сосен.

Allí, erguido sobre sus cuartos traseros, estaba sentado un lobo de bosque alto y delgado.

Там, выпрямившись на задних лапах, сидел высокий, поджарый лесной волк.

La nariz del lobo apuntaba hacia el cielo, todavía haciendo eco del llamado.

Волчий нос был направлен в небо, все еще повторяя зов.

Buck no había emitido ningún sonido, pero el lobo se detuvo y escuchó.

Бэк не издал ни звука, но волк остановился и прислушался.

Sintiendo algo, el lobo se tensó y buscó en la oscuridad.

Почувствовав что-то, волк напрягся, всматриваясь в темноту.

Buck apareció sigilosamente, con el cuerpo agachado y los pies quietos sobre el suelo.

Бак подкрался к нам, пригнувшись и бесшумно ступая по земле.

Su cola estaba recta y su cuerpo enroscado por la tensión.

Его хвост был выпрямлен, тело напряжено.

Mostró al mismo tiempo una amenaza y una especie de amistad ruda.

Он демонстрировал как угрозу, так и своего рода грубую дружбу.

Fue el saludo cauteloso que compartían las bestias salvajes.

Это было настороженное приветствие, характерное для диких зверей.

Pero el lobo se dio la vuelta y huyó tan pronto como vio a Buck.

Но волк повернулся и убежал, как только увидел Бэка.

Buck lo persiguió, saltando salvajemente, ansioso por alcanzarlo.

Бэк бросился в погоню, дико подпрыгивая, стремясь догнать его.

Siguió al lobo hasta un arroyo seco bloqueado por un atasco de madera.

Он последовал за волком в высохший ручей, перекрытый затором из деревьев.

Acorralado, el lobo giró y se mantuvo firme.

Загнанный в угол волк развернулся и остался стоять на месте.

El lobo gruñó y mordió a su presa como un perro husky atrapado en una pelea.

Волк зарычал и зарычал, словно попавшая в ловушку хаски, готовая к драке.

Los dientes del lobo chasquearon rápidamente y su cuerpo se erizó de furia salvaje.

Зубы волка быстро щелкали, его тело ощетинилось дикой яростью.

Buck no atacó, sino que rodeó al lobo con cautelosa amabilidad.

Бэк не нападал, а кружил вокруг волка с осторожным дружелюбием.

Intentó bloquear su escape con movimientos lentos e inofensivos.

Он пытался воспрепятствовать побегу медленными, безвредными движениями.

El lobo estaba cauteloso y asustado: Buck pesaba tres veces más que él.

Волк был осторожен и напуган — Бак был тяжелее его в три раза.

La cabeza del lobo apenas llegaba hasta el enorme hombro de Buck.

Голова волка едва доставала до массивного плеча Бака.

Al acecho de un hueco, el lobo salió disparado y la persecución comenzó de nuevo.

Выжидая появления просвета, волк рванул с места, и погоня возобновилась.

Varias veces Buck lo acorraló y el baile se repitió.

Несколько раз Бак загонял его в угол, и танец повторялся.

El lobo estaba delgado y débil, de lo contrario Buck no podría haberlo atrapado.

Волк был худым и слабым, иначе Бак не смог бы его поймать.

Cada vez que Buck se acercaba, el lobo giraba y lo enfrentaba con miedo.

Каждый раз, когда Бак приближался, волк оборачивался и в страхе смотрел на него.
Luego, a la primera oportunidad, se lanzó de nuevo al bosque.
Затем при первой же возможности он снова бросился в лес.
Pero Buck no se dio por vencido y finalmente el lobo comenzó a confiar en él.
Но Бак не сдавался, и в конце концов волк стал ему доверять.
Olió la nariz de Buck y los dos se pusieron juguetones y alertas.
Он понюхал нос Бака, и они оба стали игривыми и настороженными.
Jugaban como animales salvajes, feroces pero tímidos en su alegría.
Они играли, как дикие животные, свирепые и в то же время застенчивые в своей радости.
Después de un rato, el lobo se alejó trotando con calma y propósito.
Через некоторое время волк спокойно и целеустремленно побежал прочь.
Le demostró claramente a Buck que tenía la intención de que lo siguieran.
Он ясно дал понять Бак, что намерен следовать за ним.
Corrieron uno al lado del otro a través de la penumbra del crepúsculo.
Они бежали бок о бок сквозь сумеречный мрак.
Siguieron el lecho del arroyo hasta el desfiladero rocoso.
Они прошли по руслу ручья вверх в каменистое ущелье.
Cruzaron una divisoria fría donde había comenzado el arroyo.
Они пересекли холодный водораздел там, где начинался ручей.
En la ladera más alejada encontraron un extenso bosque y numerosos arroyos.

На дальнем склоне они обнаружили большой лес и множество ручьев.
Por esta vasta tierra corrieron durante horas sin parar.
Они бежали по этой огромной земле часами, не останавливаясь.
El sol salió más alto, el aire se calentó, pero ellos siguieron corriendo.
Солнце поднялось выше, воздух стал теплее, но они продолжали бежать.
Buck estaba lleno de alegría: sabía que estaba respondiendo a su llamado.
Бак был полон радости — он знал, что отвечает своему призванию.
Corrió junto a su hermano del bosque, más cerca de la fuente del llamado.
Он побежал рядом со своим лесным братом, поближе к источнику зова.
Los viejos sentimientos regresaron, poderosos y difíciles de ignorar.
Вернулись старые чувства, сильные и их трудно игнорировать.
Éstas eran las verdades detrás de los recuerdos de sus sueños.
Такова была правда, стоящая за воспоминаниями из его снов.
Todo esto ya lo había hecho antes, en un mundo distante y sombrío.
Все это он уже делал раньше в далеком и темном мире.
Ahora lo hizo de nuevo, corriendo salvajemente con el cielo abierto encima.
Теперь он сделал это снова, дико бегая под открытым небом.
Se detuvieron en un arroyo para beber del agua fría que fluía.
Они остановились у ручья, чтобы напиться холодной воды.
Mientras bebía, Buck de repente recordó a John Thornton.
Выпив, Бак вдруг вспомнил Джона Торнтона.

Se sentó en silencio, desgarrado por la atracción de la lealtad y el llamado.
Он сел в тишине, раздираемый чувством преданности и призвания.
El lobo siguió trotando, pero regresó para impulsar a Buck a seguir adelante.
Волк побежал дальше, но вернулся, чтобы подгонять Бэка вперед.
Le olisqueó la nariz y trató de convencerlo con gestos suaves.
Он понюхал его нос и попытался уговорить мягкими жестами.
Pero Buck se dio la vuelta y comenzó a regresar por donde había venido.
Но Бак повернулся и пошел обратно тем же путем, которым пришел.
El lobo corrió a su lado durante un largo rato, gimiendo silenciosamente.
Волк долго бежал рядом с ним, тихонько скуля.
Luego se sentó, levantó la nariz y dejó escapar un largo aullido.
Затем он сел, поднял нос и издал протяжный вой.
Fue un grito triste, que se suavizó cuando Buck se alejó.
Это был скорбный крик, стихший, когда Бак ушел.
Buck escuchó mientras el sonido del grito se desvanecía lentamente en el silencio del bosque.
Бак слушал, как звук крика медленно затихает в тишине леса.
John Thornton estaba cenando cuando Buck irrumpió en el campamento.
Джон Торнтон ужинал, когда в лагерь ворвался Бак.
Buck saltó sobre él salvajemente, lamiéndolo, mordiéndolo y haciéndolo caer.
Бэк яростно набросился на него, облизывая, кусая и опрокидывая его.
Lo derribó, se subió encima y le besó la cara.
Он повалил его на землю, вскарабкался на него и поцеловал его лицо.

Thornton lo llamó con cariño "hacer el tonto en general".
Торнтон с любовью называл это «игрой в дурака».
Mientras tanto, maldijo a Buck suavemente y lo sacudió de un lado a otro.
Все это время он тихонько ругал Бака и тряс его взад-вперед.
Durante dos días y dos noches enteras, Buck no abandonó el campamento ni una sola vez.
За целых два дня и две ночи Бак ни разу не покинул лагерь.
Se mantuvo cerca de Thornton y nunca lo perdió de vista.
Он держался рядом с Торнтоном и не выпускал его из виду.
Lo siguió mientras trabajaba y lo observó mientras comía.
Он следовал за ним, пока тот работал, и наблюдал за ним, пока тот ел.
Acompañaba a Thornton con sus mantas por la noche y lo salía cada mañana.
Он видел, как Торнтон заворачивался в одеяло ночью и вылезал каждое утро.
Pero pronto el llamado del bosque regresó, más fuerte que nunca.
Но вскоре зов леса вернулся, громче, чем когда-либо прежде.
Buck volvió a inquietarse, agitado por los pensamientos del lobo salvaje.
Бэк снова забеспокоился, разбуженный мыслями о диком волке.
Recordó el terreno abierto y correr uno al lado del otro.
Он вспомнил открытую местность и бег бок о бок.
Comenzó a vagar por el bosque una vez más, solo y alerta.
Он снова начал бродить по лесу, один и настороженный.
Pero el hermano salvaje no regresó y el aullido no se escuchó.
Но дикий брат не вернулся, и воя не было слышно.
Buck comenzó a dormir a la intemperie, manteniéndose alejado durante días.

Бак начал спать на улице, иногда отсутствуя по несколько дней.
Una vez cruzó la alta divisoria donde había comenzado el arroyo.
Однажды он пересек высокий водораздел, где начинался ручей.
Entró en la tierra de la madera oscura y de los arroyos anchos y fluidos.
Он вошел в страну темного леса и широких ручьев.
Durante una semana vagó en busca de señales del hermano salvaje.
Целую неделю он бродил, выискивая следы дикого брата.
Mataba su propia carne y viajaba con pasos largos e incansables.
Он сам убивал себе добычу и путешествовал большими, неутомимыми шагами.
Pescaba salmón en un ancho río que llegaba al mar.
Он ловил лосося в широкой реке, впадающей в море.
Allí luchó y mató a un oso negro enloquecido por los insectos.
Там он сразился и убил черного медведя, обезумевшего от насекомых.
El oso estaba pescando y corrió ciegamente entre los árboles.
Медведь ловил рыбу и слепо бежал между деревьями.
La batalla fue feroz y despertó el profundo espíritu de lucha de Buck.
Битва была жестокой и пробудила в Баке глубокий боевой дух.
Dos días después, Buck regresó y encontró glotones en su presa.
Два дня спустя Бак вернулся и обнаружил росомах возле своей добычи.
Una docena de ellos se pelearon con furia y ruidosidad por la carne.
Дюжина из них в шумной ярости ссорилась из-за мяса.
Buck cargó y los dispersó como hojas en el viento.

Бак бросился на них и разбросал их, словно листья по ветру.

Dos lobos permanecieron atrás, silenciosos, sin vida e inmóviles para siempre.

Остались два волка — безмолвные, безжизненные и неподвижные навсегда.

La sed de sangre se hizo más fuerte que nunca.

Жажда крови стала сильнее, чем когда-либо.

Buck era un cazador, un asesino, que se alimentaba de criaturas vivas.

Бак был охотником, убийцей, питающимся живыми существами.

Sobrevivió solo, confiando en su fuerza y sus sentidos agudos.

Он выжил в одиночку, полагаясь на свою силу и острые чувства.

Prosperó en la naturaleza, donde sólo los más resistentes podían vivir.

Он прекрасно себя чувствовал в дикой природе, где могли выжить только самые выносливые.

A partir de esto, un gran orgullo surgió y llenó todo el ser de Buck.

От этого огромная гордость поднялась и наполнила все существо Бэка.

Su orgullo se reflejaba en cada uno de sus pasos, en el movimiento de cada músculo.

Его гордость проявлялась в каждом шаге, в движении каждого мускула.

Su orgullo era tan claro como sus palabras, y se reflejaba en su manera de comportarse.

Его гордость была столь же очевидна, как и речь, и это было видно по тому, как он себя держал.

Incluso su grueso pelaje parecía más majestuoso y brillaba más.

Даже его густая шерсть выглядела величественнее и блестела ярче.

Buck podría haber sido confundido con un lobo gigante.

Бака можно было бы принять за гигантского лесного волка.
A excepción del color marrón en el hocico y las manchas sobre los ojos.
За исключением коричневого цвета на морде и пятен над глазами.
Y la raya blanca de pelo que corría por el centro de su pecho.
И белая полоска меха, тянущаяся по центру его груди.
Era incluso más grande que el lobo más grande de esa feroz raza.
Он был даже крупнее самого крупного волка этой свирепой породы.
Su padre, un San Bernardo, le dio tamaño y complexión robusta.
Его отец, сенбернар, передал ему крупные размеры и крепкое телосложение.
Su madre, una pastora, moldeó esa masa hasta darle forma de lobo.
Его мать, пастух, придала этому существу форму волка.
Tenía el hocico largo de un lobo, aunque más pesado y ancho.
У него была длинная морда волка, хотя и более тяжелая и широкая.
Su cabeza era la de un lobo, pero construida en una escala enorme y majestuosa.
Голова у него была волчья, но массивная и величественная.
La astucia de Buck era la astucia del lobo y de la naturaleza.
Хитрость Бэка была хитростью волка и дикой природы.
Su inteligencia provenía tanto del pastor alemán como del san bernardo.
Его интеллект унаследован от немецкой овчарки и сенбернара.
Todo esto, más la dura experiencia, lo convirtieron en una criatura temible.
Все это, а также суровый опыт, сделали его грозным существом.

Era tan formidable como cualquier bestia que vagaba por las tierras salvajes del norte.
Он был столь же грозен, как и любой зверь, бродивший в северных дебрях.

Viviendo sólo de carne, Buck alcanzó el máximo nivel de su fuerza.
Питаясь только мясом, Бак достиг пика своей силы.

Rebosaba poder y fuerza masculina en cada fibra de él.
Он был переполнен силой и мужской мощью в каждой клеточке своего тела.

Cuando Thornton le acarició la espalda, sus pelos brillaron con energía.
Когда Торнтон гладил его по спине, волосы вспыхивали энергией.

Cada cabello crujió, cargado con el toque de un magnetismo vivo.
Каждый волосок потрескивал, заряженный прикосновением живого магнетизма.

Su cuerpo y su cerebro estaban afinados al máximo nivel posible.
Его тело и мозг были настроены на максимально возможный тон.

Cada nervio, fibra y músculo trabajaba en perfecta armonía.
Каждый нерв, волокно и мышца работали в идеальной гармонии.

Ante cualquier sonido o visión que requiriera acción, él respondía instantáneamente.
На любой звук или вид, требующий действия, он реагировал мгновенно.

Si un husky saltaba para atacar, Buck podía saltar el doble de rápido.
Если хаски прыгнет, чтобы напасть, Бак сможет прыгнуть в два раза быстрее.

Reaccionó más rápido de lo que los demás pudieron verlo o escuchar.
Он отреагировал быстрее, чем другие могли увидеть или услышать.

La percepción, la decisión y la acción se produjeron en un momento fluido.
Восприятие, решение и действие произошли в один плавный момент.

En realidad, estos actos fueron separados, pero demasiado rápidos para notarlos.
На самом деле эти действия были отдельными, но слишком быстрыми, чтобы их можно было заметить.

Los intervalos entre estos actos fueron tan breves que parecían uno solo.
Промежутки между этими актами были настолько короткими, что они казались одним целым.

Sus músculos y su ser eran como resortes fuertemente enrollados.
Его мускулы и все его существо были подобны туго сжатым пружинам.

Su cuerpo rebosaba de vida, salvaje y alegre en su poder.
Его тело наполнилось жизнью, дикой и радостной в своей силе.

A veces sentía como si la fuerza fuera a estallar fuera de él por completo.
Временами ему казалось, что сила вот-вот вырвется из него наружу.

"Nunca vi un perro así", dijo Thornton un día tranquilo.
«Никогда не было такой собаки», — сказал Торнтон в один тихий день.

Los socios observaron a Buck alejarse orgullosamente del campamento.
Партнеры наблюдали, как Бак гордо покидает лагерь.

"Cuando lo crearon, cambió lo que un perro puede ser", dijo Pete.
«Когда он был создан, он изменил то, какой может быть собака», — сказал Пит.

—¡Por Dios! Yo también lo creo —respondió Hans rápidamente.
«Клянусь Иисусом! Я и сам так думаю», — быстро согласился Ганс.

Lo vieron marcharse, pero no el cambio que vino después.
Они видели, как он ушел, но не видели перемен, которые произошли после этого.
Tan pronto como entró en el bosque, Buck se transformó por completo.
Как только Бак вошел в лес, он полностью преобразился.
Ya no marchaba, sino que se movía como un fantasma salvaje entre los árboles.
Он больше не маршировал, а двигался, как дикий призрак, среди деревьев.
Se quedó en silencio, con pasos de gato, un destello que pasaba entre las sombras.
Он стал молчаливым, кошачьим, словно промелькнувшим среди теней.
Utilizó la cubierta con habilidad, arrastrándose sobre su vientre como una serpiente.
Он умело пользовался укрытием, ползая на животе, как змея.
Y como una serpiente, podía saltar hacia adelante y atacar en silencio.
И подобно змее, он мог прыгнуть вперед и нанести удар бесшумно.
Podría robar una perdiz nival directamente de su nido escondido.
Он мог украсть куропатку прямо из ее скрытого гнезда.
Mató conejos dormidos sin hacer un solo sonido.
Он убивал спящих кроликов, не издавая ни единого звука.
Podía atrapar ardillas en el aire cuando huían demasiado lentamente.
Он мог ловить бурундуков в воздухе, поскольку они летели слишком медленно.
Ni siquiera los peces en los estanques podían escapar de sus ataques repentinos.
Даже рыба в пруду не могла избежать его внезапных ударов.
Ni siquiera los castores más inteligentes que arreglaban presas estaban a salvo de él.

Даже умные бобры, строящие плотины, не были от него в безопасности.

Él mataba por comida, no por diversión, pero prefería matar a sus propias víctimas.

Он убивал ради еды, а не ради развлечения, но больше всего ему нравилось убивать своих собственных жертв.

Aun así, un humor astuto impregnaba algunas de sus cacerías silenciosas.

Тем не менее, в некоторых из его молчаливых охот присутствовал лукавый юмор.

Se acercó sigilosamente a las ardillas, pero las dejó escapar.

Он подкрался к белкам вплотную, но тут же позволил им убежать.

Iban a huir hacia los árboles, parloteando con terrible indignación.

Они собирались убежать к деревьям, крича от страха и ярости.

A medida que llegaba el otoño, los alces comenzaron a aparecer en mayor número.

С наступлением осени лоси стали появляться в больших количествах.

Avanzaron lentamente hacia los valles bajos para encontrarse con el invierno.

Они медленно двинулись в низкие долины, чтобы встретить зиму.

Buck ya había derribado a un ternero joven y perdido.

Бак уже подстрелил одного молодого отбившегося от стада теленка.

Pero anhelaba enfrentarse a presas más grandes y peligrosas.

Но ему хотелось столкнуться с более крупной и опасной добычей.

Un día, en la divisoria, a la altura del nacimiento del arroyo, encontró su oportunidad.

Однажды на водоразделе, у истока ручья, ему представился шанс.

Una manada de veinte alces había cruzado desde tierras boscosas.

Стадо из двадцати лосей перешло дорогу из лесных угодий.
Entre ellos había un poderoso toro; el líder del grupo.
Среди них был могучий бык, вожак группы.
El toro medía más de seis pies de alto y parecía feroz y salvaje.
Бык был ростом более шести футов и выглядел свирепым и диким.
Lanzó sus anchas astas, con catorce puntas ramificándose hacia afuera.
Он вскинул свои широкие рога, четырнадцать отростков которых расходились наружу.
Las puntas de esas astas se extendían siete pies de ancho.
Кончики этих рогов достигали семи футов в поперечнике.
Sus pequeños ojos ardieron de rabia cuando vio a Buck cerca.
Его маленькие глаза вспыхнули яростью, когда он заметил неподалеку Бака.
Soltó un rugido furioso, temblando de furia y dolor.
Он издал яростный рев, дрожа от ярости и боли.
Una punta de flecha sobresalía cerca de su flanco, emplumada y afilada.
Возле его бока торчал наконечник стрелы, оперенный и острый.
Esta herida ayudó a explicar su humor salvaje y amargado.
Эта рана помогла объяснить его дикое, озлобленное настроение.
Buck, guiado por su antiguo instinto de caza, hizo su movimiento.
Бэк, ведомый древним охотничьим инстинктом, сделал свой ход.
Su objetivo era separar al toro del resto de la manada.
Его цель — отделить быка от остального стада.
No fue una tarea fácil: requirió velocidad y una astucia feroz.
Это была непростая задача — требовались скорость и жестокая хитрость.
Ladró y bailó cerca del toro, fuera de su alcance.

Он лаял и танцевал рядом с быком, но вне досягаемости.
El alce atacó con enormes pezuñas y astas mortales.
Лось бросился вперед, выставив огромные копыта и смертоносные рога.
Un golpe podría haber acabado con la vida de Buck en un instante.
Один удар мог бы оборвать жизнь Бака в одно мгновение.
Incapaz de dejar atrás la amenaza, el toro se volvió loco.
Не в силах оставить угрозу позади, бык взбесился.
Él cargó con furia, pero Buck siempre se le escapaba.
Он яростно бросался в атаку, но Бак всегда ускользал.
Buck fingió debilidad, lo que lo alejó aún más de la manada.
Бэк притворился слабым, уводя его подальше от стада.
Pero los toros jóvenes estaban a punto de atacar para proteger al líder.
Но молодые быки собирались броситься в атаку, чтобы защитить вожака.
Obligaron a Buck a retirarse y al toro a reincorporarse al grupo.
Они заставили Бэка отступить, а быка — присоединиться к группе.
Hay una paciencia en lo salvaje, profunda e imparable.
В дикой природе есть терпение, глубокое и неудержимое.
Una araña espera inmóvil en su red durante incontables horas.
Паук неподвижно ждет в своей паутине бесчисленное количество часов.
Una serpiente se enrosca sin moverse y espera hasta que llega el momento.
Змея извивается, не дергаясь, и ждет своего часа.
Una pantera acecha hasta que llega el momento.
Пантера затаилась в засаде, пока не настал подходящий момент.
Ésta es la paciencia de los depredadores que cazan para sobrevivir.
Это терпение хищников, которые охотятся, чтобы выжить.

Esa misma paciencia ardía dentro de Buck mientras se quedaba cerca.
То же самое терпение горело внутри Бака, пока он оставался рядом.
Se quedó cerca de la manada, frenando su marcha y sembrando el miedo.
Он держался рядом со стадом, замедляя его движение и нагоняя страх.
Provocaba a los toros jóvenes y acosaba a las vacas madres.
Он дразнил молодых быков и приставал к коровам-матерям.
Empujó al toro herido hacia una rabia más profunda e impotente.
Он довел раненого быка до еще более глубокой, беспомощной ярости.
Durante medio día, la lucha se prolongó sin descanso alguno.
Бой продолжался полдня без малейшего перерыва.
Buck atacó desde todos los ángulos, rápido y feroz como el viento.
Бак атаковал со всех сторон, быстро и яростно, как ветер.
Impidió que el toro descansara o se escondiera con su manada.
Он не давал быку отдыхать или прятаться в стаде.
Buck desgastó la voluntad del alce más rápido que su cuerpo.
Бэк истощил волю лося быстрее, чем его тело.
El día transcurrió y el sol se hundió en el cielo del noroeste.
Прошел день, и солнце опустилось низко на северо-западе неба.
Los toros jóvenes regresaron más lentamente para ayudar a su líder.
Молодые быки вернулись медленнее, чтобы помочь своему вожаку.
Las noches de otoño habían regresado y la oscuridad ahora duraba seis horas.

Вернулись осенние ночи, и темнота теперь длилась шесть часов.

El invierno los estaba empujando cuesta abajo hacia valles más seguros y cálidos.

Зима вынуждала их спускаться вниз, в более безопасные и теплые долины.

Pero aún así no pudieron escapar del cazador que los retenía.

Но им все равно не удалось убежать от охотника, который их удерживал.

Sólo una vida estaba en juego: no la de la manada, sino la de su líder.

На карту была поставлена только одна жизнь — не стада, а их вожака.

Eso hizo que la amenaza fuera distante y no su preocupación urgente.

Это сделало угрозу отдаленной и не вызывающей их первоочередных беспокойств.

Con el tiempo, aceptaron ese coste y dejaron que Buck se llevara al viejo toro.

Со временем они смирились с этой ценой и позволили Баку забрать старого быка.

Al caer la tarde, el viejo toro permanecía con la cabeza gacha.

Когда наступили сумерки, старый бык стоял, опустив голову.

Observó cómo la manada que había guiado se desvanecía en la luz que se desvanecía.

Он наблюдал, как стадо, которое он вел, исчезло в угасающем свете.

Había vacas que había conocido, terneros que una vez había engendrado.

Там были коровы, которых он знал, и телята, которых он когда-то был отцом.

Había toros más jóvenes con los que había luchado y gobernado en temporadas pasadas.

В прошлые сезоны он сражался и правил быками помоложе.

No pudo seguirlos, pues frente a él estaba agazapado nuevamente Buck.
Он не мог последовать за ними, потому что перед ним снова присел Бэк.
El terror despiadado con colmillos bloqueó cualquier camino que pudiera tomar.
Беспощадный клыкастый ужас преградил ему все пути.
El toro pesaba más de trescientos kilos de densa potencia.
Бык весил более трехсот фунтов плотной силы.
Había vivido mucho tiempo y luchado con ahínco en un mundo de luchas.
Он прожил долгую жизнь и упорно боролся в мире борьбы.
Pero ahora, al final, la muerte vino de una bestia muy inferior a él.
Но теперь, в конце концов, смерть пришла от зверя, находившегося далеко внизу.
La cabeza de Buck ni siquiera llegó a alcanzar las enormes rodillas del toro.
Голова Бэка даже не поднялась до огромных колен быка с костлявыми суставами.
A partir de ese momento, Buck permaneció con el toro noche y día.
С этого момента Бак оставался с быком день и ночь.
Nunca le dio descanso, nunca le permitió pastar ni beber.
Он никогда не давал ему покоя, никогда не позволял ему пастись или пить.
El toro intentó comer brotes tiernos de abedul y hojas de sauce.
Бык пытался есть молодые побеги березы и листья ивы.
Pero Buck lo ahuyentó, siempre alerta y siempre atacando.
Но Бак отогнал его, всегда настороженный и всегда атакующий.
Incluso ante arroyos que goteaban, Buck bloqueó cada intento de sed.
Даже у тонких ручьев Бак блокировал все попытки утолить жажду.

A veces, desesperado, el toro huía a toda velocidad.
Иногда, отчаявшись, бык бежал со всей скоростью.
Buck lo dejó correr, trotando tranquilamente detrás, nunca muy lejos.
Бак позволил ему бежать, спокойно скакая позади, но не отставая далеко.
Cuando el alce se detuvo, Buck se acostó, pero se mantuvo listo.
Когда лось остановился, Бак лег, но остался наготове.
Si el toro intentaba comer o beber, Buck atacaba con toda furia.
Если бык пытался есть или пить, Бак наносил удар со всей яростью.
La gran cabeza del toro se hundió aún más bajo sus enormes astas.
Огромная голова быка опустилась еще ниже под его огромными рогами.
Su paso se hizo más lento, el trote se hizo pesado, un paso tambaleante.
Его шаг замедлился, рысь стала тяжелой, спотыкающейся.
A menudo se quedaba quieto con las orejas caídas y la nariz pegada al suelo.
Он часто стоял неподвижно, опустив уши и опустив нос к земле.
Durante esos momentos, Buck se tomó tiempo para beber y descansar.
В такие моменты Бак находил время, чтобы попить и отдохнуть.
Con la lengua afuera y los ojos fijos, Buck sintió que la tierra estaba cambiando.
Высунув язык и не отрывая глаз, Бак почувствовал, что земля меняется.
Sintió algo nuevo moviéndose a través del bosque y el cielo.
Он почувствовал, как что-то новое движется по лесу и небу.
A medida que los alces regresaban, también lo hacían otras criaturas salvajes.

С возвращением лосей вернулись и другие дикие животные.
La tierra se sentía viva, con presencia, invisible pero fuertemente conocida.
Земля ощущалась живой и невидимой, но отчетливо знакомой.
No fue por el sonido, ni por la vista, ni por el olfato que Buck supo esto.
Бак узнал об этом не по звуку, не по виду и не по запаху.
Un sentimiento más profundo le decía que nuevas fuerzas estaban en movimiento.
Глубокое чувство подсказывало ему, что наступают новые силы.
Una vida extraña se agitaba en los bosques y a lo largo de los arroyos.
В лесах и вдоль ручьев кипела странная жизнь.
Decidió explorar este espíritu, después de que la caza se completara.
Он решил исследовать этого духа после того, как охота будет завершена.
Al cuarto día, Buck finalmente logró derribar al alce.
На четвертый день Бак наконец завалил лося.
Se quedó junto a la presa durante un día y una noche enteros, alimentándose y descansando.
Он оставался возле добычи целый день и ночь, питаясь и отдыхая.
Comió, luego durmió, luego volvió a comer, hasta que estuvo fuerte y lleno.
Он ел, потом спал, потом снова ел, пока не стал сильным и сытым.
Cuando estuvo listo, regresó hacia el campamento y Thornton.
Когда он был готов, он повернул обратно к лагерю и Торнтону.
Con ritmo constante, inició el largo viaje de regreso a casa.
Равномерно шагая, он начал долгий обратный путь домой.

Corría con su incansable galope, hora tras hora, sin desviarse jamás.
Он бежал своим неутомимым шагом час за часом, ни разу не сбившись с пути.
A través de tierras desconocidas, se movió recto como la aguja de una brújula.
Через неизведанные земли он двигался прямолинейно, как стрелка компаса.
Su sentido de la orientación hacía que el hombre y el mapa parecieran débiles en comparación.
По сравнению с его чувством направления человек и карта кажутся слабыми.
A medida que Buck corría, sentía con más fuerza la agitación en la tierra salvaje.
По мере того, как Бак бежал, он все сильнее ощущал движение в дикой местности.
Era un nuevo tipo de vida, diferente a la de los tranquilos meses de verano.
Это был новый образ жизни, непохожий на спокойные летние месяцы.
Este sentimiento ya no llegaba como un mensaje sutil o distante.
Это чувство больше не было тонким или отдаленным посланием.
Ahora los pájaros hablaban de esta vida y las ardillas parloteaban sobre ella.
Теперь птицы говорили об этой жизни, и белки болтали о ней.
Incluso la brisa susurraba advertencias a través de los árboles silenciosos.
Даже ветерок нашептывал предупреждения сквозь безмолвные деревья.
Varias veces se detuvo y olió el aire fresco de la mañana.
Несколько раз он останавливался и вдыхал свежий утренний воздух.
Allí leyó un mensaje que le hizo avanzar más rápido.

Он прочитал там сообщение, которое заставило его быстрее прыгнуть вперед.
Una fuerte sensación de peligro lo llenó, como si algo hubiera salido mal.
Его охватило сильное чувство опасности, словно что-то пошло не так.
Temía que se avecinara una calamidad, o que ya hubiera ocurrido.
Он боялся, что надвигается беда — или уже наступила.
Cruzó la última cresta y entró en el valle de abajo.
Он пересёк последний хребет и вошел в долину внизу.
Se movió más lentamente, alerta y cauteloso con cada paso.
Он двигался медленнее, с каждым шагом становясь все более внимательным и осторожным.
A tres millas de distancia encontró un nuevo rastro que lo hizo ponerse rígido.
Через три мили он обнаружил свежий след, заставивший его напрячься.
El cabello de su cuello se onduló y se erizó en señal de alarma.
Волосы на его шее встали дыбом от беспокойства.
El sendero conducía directamente al campamento donde Thornton esperaba.
Тропа вела прямо к лагерю, где ждал Торнтон.
Buck se movió más rápido ahora, su paso era silencioso y rápido.
Бак теперь двигался быстрее, его шаги были одновременно тихими и быстрыми.
Sus nervios se tensaron al leer señales que otros no verían.
Его нервы напряглись, когда он увидел признаки того, что другие могли их не заметить.
Cada detalle del recorrido contaba una historia, excepto la pieza final.
Каждая деталь на тропе рассказывала историю, за исключением последней.
Su nariz le contaba sobre la vida que había transcurrido por allí.

Его нос рассказал ему о жизни, прошедшей таким образом.
El olor le dio una imagen cambiante mientras lo seguía de cerca.
Запах создавал у него меняющуюся картину, пока он шел следом.
Pero el bosque mismo había quedado en silencio; anormalmente quieto.
Но сам лес затих; стало неестественно тихо.
Los pájaros habían desaparecido, las ardillas estaban escondidas, silenciosas y quietas.
Птицы исчезли, белки спрятались, затихли и замерли.
Sólo vio una ardilla gris, tumbada sobre un árbol muerto.
Он увидел только одну серую белку, лежащую на мертвом дереве.
La ardilla se mimetizó, rígida e inmóvil como una parte del bosque.
Белка слилась с окружающей средой, застыв и неподвижно, словно часть леса.
Buck se movía como una sombra, silencioso y seguro entre los árboles.
Бак двигался среди деревьев словно тень, бесшумно и уверенно.
Su nariz se movió hacia un lado como si una mano invisible la tirara.
Его нос дернулся в сторону, словно его тянула невидимая рука.
Se giró y siguió el nuevo olor hasta lo profundo de un matorral.
Он повернулся и пошел на новый запах в глубь зарослей.
Allí encontró a Nig, que yacía muerto, atravesado por una flecha.
Там он нашел Нига, лежащего мертвым, пронзенным стрелой.
La flecha atravesó su cuerpo y aún se le veían las plumas.
Стрела прошла сквозь его тело, перья все еще были видны.

Nig se arrastró hasta allí, pero murió antes de llegar para recibir ayuda.
Ниг дотащился туда сам, но умер, не дождавшись помощи.
Cien metros más adelante, Buck encontró otro perro de trineo.
Через сотню ярдов Бак обнаружил еще одну ездовую собаку.
Era un perro que Thornton había comprado en Dawson City.
Это была собака, которую Торнтон купил в Доусон-Сити.
El perro se encontraba en una lucha a muerte, agitándose con fuerza en el camino.
Собака билась не на жизнь, а на смерть, изо всех сил пытаясь удержаться на тропе.
Buck pasó a su alrededor, sin detenerse, con los ojos fijos hacia adelante.
Бак обошёл его, не останавливаясь и устремив взгляд вперёд.
Desde la dirección del campamento llegaba un canto distante y rítmico.
Со стороны лагеря доносилось далекое ритмичное пение.
Las voces subían y bajaban en un tono extraño, inquietante y cantarín.
Голоса то усиливались, то затихали в странном, жутком, монотонном тоне.
Buck se arrastró hacia el borde del claro en silencio.
Бак молча пополз к краю поляны.
Allí vio a Hans tendido boca abajo, atravesado por muchas flechas.
Там он увидел Ганса, лежащего ничком, пронзенного множеством стрел.
Su cuerpo parecía el de un puercoespín, erizado de plumas.
Его тело напоминало дикобраза, ощетинившегося пернатыми стрелами.
En ese mismo momento, Buck miró hacia la cabaña en ruinas.

В тот же момент Бак посмотрел в сторону разрушенного домика.

La visión hizo que se le erizara el pelo de la nuca y de los hombros.

От этого зрелища волосы на его шее и плечах встали дыбом.

Una tormenta de furia salvaje recorrió todo el cuerpo de Buck.

Буря дикой ярости охватила все тело Бака.

Gruñó en voz alta, aunque no sabía que lo había hecho.

Он громко зарычал, хотя и не знал об этом.

El sonido era crudo, lleno de furia aterradora y salvaje.

Звук был грубым, наполненным ужасающей, дикой яростью.

Por última vez en su vida, Buck perdió la razón ante la emoción.

В последний раз в жизни Бак поддался эмоциям и потерял рассудок.

Fue el amor por John Thornton lo que rompió su cuidadoso control.

Именно любовь к Джону Торнтону сломала его тщательный контроль.

Los Yeehats estaban bailando alrededor de la cabaña de abetos en ruinas.

Йихаты танцевали вокруг разрушенного елового домика.

Entonces se escuchó un rugido y una bestia desconocida cargó hacia ellos.

Затем раздался рев — и на них бросился неизвестный зверь.

Era Buck; una furia en movimiento; una tormenta viviente de venganza.

Это был Бак — ярость в движении, живая буря мести.

Se arrojó en medio de ellos, loco por la necesidad de matar.

Он бросился в их гущу, обезумев от желания убивать.

Saltó hacia el primer hombre, el jefe Yeehat, y acertó.

Он прыгнул на первого человека, вождя Йихата, и нанес точный удар.

Su garganta fue desgarrada y la sangre brotó a chorros.
Его горло было разорвано, и кровь хлынула ручьем.
Buck no se detuvo, sino que desgarró la garganta del siguiente hombre de un salto.
Бэк не остановился, а одним прыжком разорвал горло следующему человеку.
Era imparable: desgarraba, cortaba y nunca se detenía a descansar.
Его было не остановить — он разрывал, рубил, не останавливаясь для отдыха.
Se lanzó y saltó tan rápido que sus flechas no pudieron tocarlo.
Он метался и прыгал так быстро, что их стрелы не могли его коснуться.
Los Yeehats estaban atrapados en su propio pánico y confusión.
Йихаты были охвачены собственной паникой и замешательством.
Sus flechas no alcanzaron a Buck y se alcanzaron entre sí.
Их стрелы пролетели мимо Бэка и вместо этого попали друг в друга.
Un joven le lanzó una lanza a Buck y golpeó a otro hombre.
Один юноша метнул копье в Бэка и попал в другого мужчину.
La lanza le atravesó el pecho y la punta le atravesó la espalda.
Копье вонзилось ему в грудь, а острие пробило спину.
El terror se apoderó de los Yeehats y se retiraron por completo.
Ужас охватил Йихатов, и они обратились в бегство.
Gritaron al Espíritu Maligno y huyeron hacia las sombras del bosque.
Они закричали о Злом Духе и убежали в лесную тень.
En verdad, Buck era como un demonio mientras perseguía a los Yeehats.
Поистине, Бак был подобен демону, когда преследовал Йихатов.

Él los persiguió a través del bosque, derribándolos como si fueran ciervos.

Он гнался за ними по лесу, сбивая их с ног, словно оленей.

Se convirtió en un día de destino y terror para los asustados Yeehats.

Для напуганных Йихатов этот день стал днем судьбы и ужаса.

Se dispersaron por toda la tierra, huyendo lejos en todas direcciones.

Они рассеялись по стране, разбегаясь во всех направлениях.

Pasó una semana entera antes de que los últimos supervivientes se reunieran en un valle.

Прошла целая неделя, прежде чем последние выжившие встретились в долине.

Sólo entonces contaron sus pérdidas y hablaron de lo sucedido.

Только тогда они подсчитали свои потери и рассказали о случившемся.

Buck, después de cansarse de la persecución, regresó al campamento en ruinas.

Бэк, устав от погони, вернулся в разрушенный лагерь.

Encontró a Pete, todavía en sus mantas, muerto en el primer ataque.

Он нашел Пита, все еще завернутого в одеяла, убитого в первой атаке.

Las señales de la última lucha de Thornton estaban marcadas en la tierra cercana.

Следы последней борьбы Торнтона были обнаружены на земле неподалеку.

Buck siguió cada rastro, olfateando cada marca hasta un punto final.

Бак следовал по каждому следу, обнюхивая каждую отметку до конечной точки.

En el borde de un estanque profundo, encontró al fiel Skeet, tumbado inmóvil.

На краю глубокого пруда он нашел верного Скита, лежащего неподвижно.
La cabeza y las patas delanteras de Skeet estaban en el agua, inmóviles por la muerte.
Голова и передние лапы Скита были в воде, они были неподвижны, словно мертвые.
La piscina estaba fangosa y contaminada por el agua que salía de las compuertas.
Бассейн был грязным и загрязненным стоками из шлюзов.
Su superficie nublada ocultaba lo que había debajo, pero Buck sabía la verdad.
Его облачная поверхность скрывала то, что находилось под ней, но Бак знал правду.
Siguió el rastro del olor de Thornton hasta la piscina, pero el olor no lo condujo a ningún otro lugar.
Он проследил путь Торнтона до бассейна, но запах никуда больше не привел.
No había ningún olor que indicara que salía, solo el silencio de las aguas profundas.
Никакого запаха, ведущего наружу, не было — только тишина глубокой воды.
Buck permaneció todo el día cerca de la piscina, paseando de un lado a otro del campamento con tristeza.
Весь день Бак оставался возле пруда, расхаживая по лагерю в печали.
Vagaba inquieto o permanecía sentado en silencio, perdido en pesados pensamientos.
Он беспокойно бродил или сидел неподвижно, погруженный в тяжелые мысли.
Él conocía la muerte; el fin de la vida; la desaparición de todo movimiento.
Он знал смерть, конец жизни, исчезновение всякого движения.
Comprendió que John Thornton se había ido y que nunca regresaría.
Он понял, что Джон Торнтон ушел и больше никогда не вернется.

La pérdida dejó en él un vacío que palpitaba como el hambre.

Потеря оставила в нем пустоту, которая пульсировала, словно голод.

Pero ésta era un hambre que la comida no podía calmar, por mucho que comiera.

Но этот голод еда не могла утолить, сколько бы он ни ел.

A veces, mientras miraba a los Yeehats muertos, el dolor se desvanecía.

Иногда, когда он смотрел на мертвых Йихатов, боль утихала.

Y entonces un orgullo extraño surgió dentro de él, feroz y completo.

И тут в нем поднялась странная гордость, яростная и всеобъемлющая.

Había matado al hombre, la presa más alta y peligrosa de todas.

Он убил человека, самую высокую и опасную дичь из всех.

Había matado desafiando la antigua ley del garrote y el colmillo.

Он убил, нарушив древний закон дубинки и клыка.

Buck olió sus cuerpos sin vida, curioso y pensativo.

Бак с любопытством и задумчивостью обнюхивал их безжизненные тела.

Habían muerto con tanta facilidad, mucho más fácil que un husky en una pelea.

Они погибли так легко — гораздо легче, чем хаски в драке.

Sin sus armas, no tenían verdadera fuerza ni representaban una amenaza.

Без оружия они не имели настоящей силы или угрозы.

Buck nunca volvería a temerles, a menos que estuvieran armados.

Бак больше никогда не будет их бояться, если только они не будут вооружены.

Sólo tenía cuidado cuando llevaban garrotes, lanzas o flechas.

Он насторожился только тогда, когда они носили дубинки, копья или стрелы.

Cayó la noche y la luna llena se elevó por encima de las copas de los árboles.
Наступила ночь, и полная луна поднялась высоко над верхушками деревьев.
La pálida luz de la luna bañaba la tierra con un resplandor suave y fantasmal, como el del día.
Бледный свет луны заливал землю мягким, призрачным сиянием, словно днем.
A medida que la noche avanzaba, Buck seguía de luto junto al estanque silencioso.
Ночь сгущалась, а Бак все еще скорбел у тихого пруда.
Entonces se dio cuenta de que había un movimiento diferente en el bosque.
Затем он почувствовал какое-то движение в лесу.
El movimiento no provenía de los Yeehats, sino de algo más antiguo y más profundo.
Волнение исходило не от Йихатов, а от чего-то более древнего и глубокого.
Se puso de pie, con las orejas levantadas y la nariz palpando la brisa con cuidado.
Он встал, навострил уши и осторожно понюхал воздух.
Desde lejos llegó un grito débil y agudo que rompió el silencio.
Откуда-то издалека раздался слабый, резкий вопль, нарушивший тишину.
Luego, un coro de gritos similares siguió de cerca al primero.
Затем сразу же за первым раздался хор подобных криков.
El sonido se acercaba cada vez más y se hacía más fuerte a cada momento que pasaba.
Звук приближался, становясь громче с каждой минутой.
Buck conocía ese grito: venía de ese otro mundo en su memoria.
Бак знал этот крик — он пришел из другого мира в его памяти.

Caminó hasta el centro del espacio abierto y escuchó atentamente.
Он вышел на середину открытого пространства и внимательно прислушался.
El llamado resonó, múltiple y más poderoso que nunca.
Раздался призыв, многозначительный и более мощный, чем когда-либо.
Y ahora, más que nunca, Buck estaba listo para responder a su llamado.
И теперь, как никогда прежде, Бак был готов ответить на свой призыв.
John Thornton había muerto y ya no tenía ningún vínculo con el hombre.
Джон Торнтон умер, и у него не осталось никакой связи с человеком.
El hombre y todos sus derechos humanos habían desaparecido: él era libre por fin.
Человек и все человеческие права исчезли — он наконец-то был свободен.
La manada de lobos estaba persiguiendo carne como lo hicieron alguna vez los Yeehats.
Волчья стая гонялась за мясом, как когда-то Йихаты.
Habían seguido a los alces desde las tierras boscosas.
Они преследовали лосей с лесистых земель.
Ahora, salvajes y hambrientos de presa, cruzaron hacia su valle.
Теперь, дикие и жаждущие добычи, они вошли в его долину.
Llegaron al claro iluminado por la luna, fluyendo como agua plateada.
Они вышли на залитую лунным светом поляну, струясь, словно серебряная вода.
Buck permaneció quieto en el centro, inmóvil y esperándolos.
Бак стоял неподвижно в центре и ждал их.
Su tranquila y gran presencia dejó a la manada en un breve silencio.

Его спокойное, внушительное присутствие ошеломило стаю и на короткое время воцарилась тишина.

Entonces el lobo más atrevido saltó hacia él sin dudarlo.

И тогда самый смелый волк без колебаний прыгнул прямо на него.

Buck atacó rápidamente y rompió el cuello del lobo de un solo golpe.

Бэк нанес быстрый удар и одним ударом сломал волку шею.

Se quedó inmóvil nuevamente mientras el lobo moribundo se retorcía detrás de él.

Он снова замер, а умирающий волк извивался позади него.

Tres lobos más atacaron rápidamente, uno tras otro.

Еще три волка быстро напали, один за другим.

Todos retrocedieron sangrando, con la garganta o los hombros destrozados.

Каждый отступал, истекая кровью, с перерезанными горлами и плечами.

Eso fue suficiente para que toda la manada se lanzara a una carga salvaje.

Этого было достаточно, чтобы спровоцировать дикую атаку всей стаи.

Se precipitaron juntos, demasiado ansiosos y apiñados para golpear bien.

Они бросились все вместе, слишком рьяные и тесные, чтобы нанести хороший удар.

La velocidad y habilidad de Buck le permitieron mantenerse por delante del ataque.

Скорость и мастерство Бака позволили ему опередить атаку.

Giró sobre sus patas traseras, chasqueando y golpeando en todas direcciones.

Он крутанулся на задних лапах, щелкая зубами и нанося удары во все стороны.

Para los lobos, esto parecía como si su defensa nunca se abriera ni flaqueara.

Волкам показалось, что его защита так и не раскрылась и не дрогнула.
Se giró y atacó tan rápido que no pudieron alcanzarlo.
Он повернулся и нанес удар так быстро, что они не успели зайти ему за спину.
Sin embargo, su número le obligó a ceder terreno y retroceder.
Тем не менее, их численность вынудила его отступить.
Pasó junto a la piscina y bajó al lecho rocoso del arroyo.
Он прошел мимо бассейна и спустился в каменистое русло ручья.
Allí se topó con un empinado banco de grava y tierra.
Там он наткнулся на крутой берег из гравия и грязи.
Se metió en un rincón cortado durante la antigua excavación de los mineros.
Он втиснулся в угол, образовавшийся во время старых шахтерских работ.
Ahora, protegido por tres lados, Buck se enfrentaba únicamente al lobo frontal.
Теперь, защищенный с трех сторон, Бак столкнулся только с передним волком.
Allí se mantuvo a raya, listo para la siguiente ola de asalto.
Там он замер, готовый к следующей волне нападения.
Buck se mantuvo firme con tanta fiereza que los lobos retrocedieron.
Бак так яростно оборонялся, что волки отступили.
Después de media hora, estaban agotados y visiblemente derrotados.
Через полчаса они были измотаны и явно побеждены.
Sus lenguas colgaban y sus colmillos blancos brillaban a la luz de la luna.
Их языки высунулись, белые клыки блестели в лунном свете.
Algunos lobos se tumbaron, con la cabeza levantada y las orejas apuntando hacia Buck.
Некоторые волки легли, подняв головы и навострив уши в сторону Бэка.

Otros permanecieron inmóviles, alertas y observando cada uno de sus movimientos.
Другие стояли неподвижно, настороженно следя за каждым его движением.

Algunos se acercaron a la piscina y bebieron agua fría.
Несколько человек подошли к бассейну и напились холодной воды.

Entonces un lobo gris, largo y delgado, se acercó sigilosamente.
Затем один длинный, поджарый серый волк осторожно подкрался вперед.

Buck lo reconoció: era el hermano salvaje de antes.
Бак узнал его — это был тот самый дикий брат, которого он видел раньше.

El lobo gris gimió suavemente y Buck respondió con un gemido.
Серый волк тихонько заскулил, и Бак ответил ему скулением.

Se tocaron las narices, en silencio y sin amenaza ni miedo.
Они соприкоснулись носами, тихо, без угрозы или страха.

Luego vino un lobo más viejo, demacrado y lleno de cicatrices por muchas batallas.
Затем появился старый волк, изможденный и покрытый шрамами от множества сражений.

Buck empezó a gruñir, pero se detuvo y olió la nariz del viejo lobo.
Бэк начал рычать, но остановился и понюхал нос старого волка.

El viejo se sentó, levantó la nariz y aulló a la luna.
Старый сел, поднял нос и завыл на луну.

El resto de la manada se sentó y se unió al largo aullido.
Остальная часть стаи села и присоединилась к продолжительному вою.

Y ahora el llamado llegó a Buck, inconfundible y fuerte.
И вот теперь Бак дали зов, несомненный и сильный.

Se sentó, levantó la cabeza y aulló con los demás.
Он сел, поднял голову и завыл вместе с остальными.

Cuando terminaron los aullidos, Buck salió de su refugio rocoso.
Когда вой прекратился, Бак вышел из своего каменного убежища.
La manada se cerró a su alrededor, olfateando con amabilidad y cautela.
Стая сомкнулась вокруг него, обнюхивая его одновременно и дружелюбно, и настороженно.
Entonces los líderes dieron un grito y salieron corriendo hacia el bosque.
Затем лидеры взвизгнули и бросились в лес.
Los demás lobos los siguieron, aullando a coro, salvajes y rápidos en la noche.
Остальные волки последовали за ними, визжа хором, дикие и быстрые в ночи.
Buck corrió con ellos, al lado de su hermano salvaje, aullando mientras corría.
Бэк бежал вместе с ними, рядом со своим диким братом, воя на бегу.

Aquí la historia de Buck llega bien a su fin.
На этом история Бака, пожалуй, подходит к концу.
En los años siguientes, los Yeehat notaron lobos extraños.
В последующие годы Йихаты заметили странных волков.
Algunos tenían la cabeza y el hocico de color marrón y el pecho de color blanco.
У некоторых голова и морда были коричневого цвета, а грудь — белая.
Pero aún más temían una figura fantasmal entre los lobos.
Но еще больше они боялись призрачной фигуры среди волков.
Hablaban en susurros del Perro Fantasma, líder de la manada.
Они шепотом говорили о Псе-Призраке, вожаке стаи.
Este perro fantasma tenía más astucia que el cazador Yeehat más audaz.

Этот Призрачный Пёс был хитрее самого смелого охотника на Йихатов.

El perro fantasma robó de los campamentos en pleno invierno y destrozó sus trampas.

Призрачная собака воровала из лагерей глубокой зимой и разрывала капканы.

El perro fantasma mató a sus perros y escapó de sus flechas sin dejar rastro.

Призрачная собака убила их собак и бесследно избежала их стрел.

Incluso sus guerreros más valientes temían enfrentarse a este espíritu salvaje.

Даже самые храбрые воины боялись столкнуться с этим диким духом.

No, la historia se vuelve aún más oscura a medida que pasan los años en la naturaleza.

Нет, история становится еще мрачнее по мере того, как проходят годы в дикой природе.

Algunos cazadores desaparecen y nunca regresan a sus campamentos distantes.

Некоторые охотники исчезают и больше не возвращаются в свои далекие лагеря.

Otros aparecen con la garganta abierta, muertos en la nieve.

Других находят убитыми в снегу с разорванными горлами.

Alrededor de sus cuerpos hay huellas más grandes que las que cualquier lobo podría dejar.

Вокруг их тел видны следы — более длинные, чем мог бы оставить волк.

Cada otoño, los Yeehats siguen el rastro del alce.

Каждую осень Йихаты идут по следу лося.

Pero evitan un valle con el miedo grabado en lo profundo de sus corazones.

Но они избегают одной долины, поскольку страх глубоко укоренился в их сердцах.

Dicen que el valle fue elegido por el Espíritu Maligno para vivir.

Говорят, что эту долину выбрал для своего жилища Злой Дух.

Y cuando se cuenta la historia, algunas mujeres lloran junto al fuego.

И когда эта история рассказана, некоторые женщины плачут у огня.

Pero en verano, un visitante llega a ese tranquilo valle sagrado.

Но летом в эту тихую священную долину приезжает один посетитель.

Los Yeehats no saben de él, ni tampoco pueden entenderlo.

Йихаты не знают о нем и не могут понять.

El lobo es grande, revestido de gloria, como ningún otro de su especie.

Волк — великий, окутанный славой, не похожий ни на одного другого из его вида.

Él solo cruza el bosque verde y entra en el claro.

Он один выходит из зеленого леса и выходит на лесную поляну.

Allí, el polvo dorado de los sacos de piel de alce se filtra en el suelo.

Там золотая пыль из мешков из лосиной шкуры просачивается в почву.

La hierba y las hojas viejas han ocultado el amarillo al sol.

Трава и старые листья скрыли желтый цвет от солнца.

Aquí, el lobo permanece en silencio, pensando y recordando.

Здесь волк стоит молча, размышляя и вспоминая.

Aúlla una vez, largo y triste, antes de darse la vuelta para irse.

Он воет один раз — долго и скорбно — прежде чем повернуться и уйти.

Pero no siempre está solo en la tierra del frío y la nieve.

Однако он не всегда одинок в стране холода и снега.

Cuando las largas noches de invierno descienden sobre los valles inferiores.

Когда на нижние долины опускаются длинные зимние ночи.

Cuando los lobos persiguen a la presa a través de la luz de la luna y las heladas.

Когда волки преследуют дичь сквозь лунный свет и мороз.

Luego corre a la cabeza del grupo, saltando alto y salvajemente.

Затем он бежит во главе стаи, высоко и дико прыгая.

Su figura se eleva sobre las demás y su garganta está llena de canciones.

Его фигура возвышается над остальными, его горло наполнено песней.

Es la canción del mundo más joven, la voz de la manada.

Это песня молодого мира, голос стаи.

Canta mientras corre: fuerte, libre y eternamente salvaje.

Он поет на бегу — сильный, свободный и вечно дикий.

www.ingramcontent.com/pod-product-compliance
Lightning Source LLC
Chambersburg PA
CBHW010030040426
42333CB00048B/2771